Franz Ludwig Baumann

Die oberschwäbischen Bauern im März 1525 und die zwölf Artikel

Franz Ludwig Baumann

Die oberschwäbischen Bauern im März 1525 und die zwölf Artikel

ISBN/EAN: 9783743405189

Hergestellt in Europa, USA, Kanada, Australien, Japan

Cover: Foto ©ninafisch / pixelio.de

Manufactured and distributed by brebook publishing software (www.brebook.com)

Franz Ludwig Baumann

Die oberschwäbischen Bauern im März 1525 und die zwölf Artikel

Die

Oberschwäbischen Bauern

im März 1525

und

Die zwölf Artikel.

Von

Dr. Franz Ludwig Baumann.

———•◆•———

Kempten.
Verlag der Jos. Kösel'schen Buchhandlung.
1871.

Buchdruckerei der J. Kösel'schen Buchhandlung in Kempten.

I.

Die Bewegungen der Allgäuer, Seebauern und Baltringer bis zur Gründung der christlichen Bruderschaft.

Einen sehr empfänglichen Boden fand die evangelische Volksbewegung in dem Hügellande zwischen Lech und Argen, das seit alten Tagen den Namen Allgäu trägt. Hier saß ein kräftiges Geschlecht, welches bis in das 15. Jahrhundert durch die Beschaffenheit seines Landes und die dadurch bedingte eigenartige Rechtsentwicklung begünstigt grossentheils die Freiheit seiner alemannischen Ahnen gerettet hatte. Seit dem 15. Jahrhunderte aber hatte das allgäuer Volk mehr und mehr von seinen Rechten trotz seines Widerstandes verloren, war von seinen Herren mit neuen Lasten heimgesucht und theils hieburch, theils durch den allgemeinen Umschwung der gesellschaftlichen Verhältnisse, den es mit dem gesammten Reiche auf gleiche Weise erlitt, in seinem Wohlstande zurückgeworfen worden. Allgemeine Unzufriedenheit des Volkes in Stadt und Land war die Folge dieser unheilvollen Entwicklung: ein ewiger Streit trennte Herren und Unterthanen, die gar nicht selten, kriegerisch und kriegsgeübt wie sie waren, gegen jene die Waffen erhoben. Abgesehen von den auch im Allgäu unerträglichen Zuständen der Kirche mußte darum die Lehre Luthers dort raschen Eingang finden, da sie dem Volke eine mächtige Stütze zur Vertheidigung seiner Rechte bot. Luthers Lehre, daß in den hl. Schriften das Wort Gottes rein und vollkommen enthalten und daß darum die Bibel alleiniger Richter in Glaubenssachen sein dürfe, hatte von Anfang an eine nahe liegende Anwendung auf das gesammte Volksleben gefunden. Alle Verhältnisse wurden mit Gottes Wort geprüft, und je nach dem Erfolge dieser Prüfung gebilligt oder als unchristlich verworfen. Dieses Streben, alle Rechtsverhältnisse anstatt auf Herkommen und Rechtssatzungen auf die hl. Schrift zu begründen, hieß jene Zeit die Forderung des „göttlichen Rechtes." Diesem göttlichen Rechte ist es voran zuzuschreiben, daß in den Städten die Gemeinden (schon lange Jahre im Kampfe gegen die Ehrbarkeit) sich entschieden der neuen Lehre hingaben. Ohnmächtig mußte die Ehrbarkeit dem Siege des Evangeliums zusehen, wenn sie nicht die Gemeinden zum Aufruhre drängen wollte. Schon 1524 verschwindet der alte Cult aus Memmingen, einer Stadt, die durch ihren beredten Prädicanten Christoph Schappeler für einen großen Theil Oberschwabens Mutter der neuen Lehre wurde. 1525 folgten ihrem Beispiele Lindau, Isny, Leutkirch, Kaufbeuren, Kempten: nur in Wangen, Ravensburg, Ueberlingen erhielt sich [1]) die alte Lehre in der Herrschaft. Gleichzeitig drang Luthers Lehre bis in die abgelegensten Thäler; Vikarier und Laienprediger waren ihre Apostel. Mit ihrem Eindringen verwandelte sich der alte Rechtsstreit in die Forderung nach dem göttlichen Rechte und der „christlichen Freiheit." Bis Mitte Februar 1525 hat sich dieser merkwürdige Uebergang vom Boden des Rechtsherkommens auf den des göttlichen Rechts vollzogen, ohne daß wir denselben in seinen einzelnen Erscheinungen verfolgen könnten. Nur soviel läßt sich noch erkennen, daß derselbe seinen Anfang in der von Schappeler hartnäckig verfochtenen Lehre hat, es sei gegen Gottes Wort, Zehnten zu geben oder zu nehmen [2]). In der Nähe von Memmingen finden wir darum auch die ersten Regungen des Volks, welche auf das göttliche Recht zielen. Schon im Sommer 1524 gährte es in Steinheim, Ottenbeuren, [3]) im Herbste 1524 in den Dörfern des Truchseßen Georg von Waldburg, so daß dieser sich entschloß, seine Veste Wolfegg mit Besatzung zu versehen. Die Truchseßen konnten sich rühmen, nie gegen ihre Hinterfassen ungerecht gehandelt zu haben, darum mochte Georg des Glaubens leben, sein väterliches Mahnwort, das er am 17. Jan. 1525 an seine Unterthanen richtete, werde diese beruhigen, obwohl unter ihnen die Gährung so bedenklich geworden, daß am 4. Jan. die walbburgische Landschaft zu Waldsee über Defensivmaßregeln gegen den beginnenden Aufruhr berathen, und am 5. Jan. der wolfegger Vogt Jacob von Seckendorf seinen Herrn dringend aufgefordert hatte, seine Burgen [3]) endlich mit Besatzungen zu versehen. Vielleicht hätte des Truchseßen Wort Erfolg gehabt, wenn nicht von anderer Seite die Bewegung seiner Bauern einen gewaltigen Rückhalt erhalten hätte: an der Erhebung der Kemptner Landschaft, durch welche das gesammte Allgäu unter die Fahne des göttlichen Rechtes zu gemeinsamer Abwehr der Bedrückungen und Lasten vereinigt wurde.

Schon seit 1415 lebte die Kemptner Landschaft mit ihrem Fürstabte, der sie fortwährend an ihren Rechten und Freiheiten kränkte, in unaufhörlichem Streite, welcher 1491 sogar zum Aufstande führte. In diesem hundertjährigen Rechtskampfe hatte die Landschaft gelernt, Sonderinteressen dem Wohle der Gesammtheit unterzuordnen, praktische Ziele mit Ausdauer und Klugheit zu verfolgen, zur rechten Zeit nachzugeben um das Mögliche zu gewinnen, und ihren Führern willig zu gehorchen: Eigenschaften, welche die Kemptner Landschaft befähigten, jetzt an der Spitze des Allgäus auf der neuen Grundlage des göttlichen Rechts dem Kampfe gegen die Herren eine ungeahnte Kraft und Ausdehnung zu verleihen.

Auf das heftigste war der Streit der Landschaft gegen das Stift entbrannt, als 1523 Sebastian von Breitenstein seine Regierung mit argen Rechtsbrüchen und Bedrückungen eröffnet*) hatte. Im Hinblicke auf das gährende Volk in Oberschwaben griff Ende 1524 der schwäbische Bund in diesen Streit ein und anberaumte auf den 8. Jan. 1525 eine Tagfahrt nach Günzburg a/D. zwischen der Landschaft und ihrem Fürstabte. Die streitenden Partheien erschienen zwar in Günzburg, allein an dem Starrsinne des Fürstabts scheiterte alle Mühe der bündischen Commission. Sogar einen zweiten gütlichen Tag nach Ostern schlug der Abt seiner Landschaft ab, ließ ihr vielmehr durch den Ritter Adam vom Stein melden, „er wisse nichts weiter mit ihr zu tagen." In dieser Zeit, da alle friedlichen Ausgleichsversuche gescheitert, trat ein Mann an die Spitze der Landschaft, welcher sie bewog, den Rechtsweg einzuschlagen[5]). Jörg Schmid von Luibas, genannt der Knopf, war arm (er diente als Färbergeselle dem Kemptner Stadtammanne Flach), stammte aber aus einer um die Landschaft verdienten Familie. Sein Vater Heinrich war 1491 von der Landschaft an den Kaiser gesandt worden, um dessen Hilfe gegen den Abt zu erflehen, und, wie das Volk wußte, in einem Verließe des Stifts verschollen.[6]) Sein Sohn mag sich frühe der Landschaft bemerklich gemacht haben, zu Günzburg war er bereits ihr Vertreter. Einen thätigen Genossen fand der beredte, energische Mann an dem jungen Jörg Tauber von Lauben, den persönliche Rache zum Todfeinde des Stifts gemacht, da dieses seinen Großvater und seine Gattin in die Leibeigenschaft gezwungen hatte. Mit Taubers Hilfe brachte Knopf Vertrauensmänner der 27 Pfarreien des Kemptner Landes zu einer Berathung im Hause seines Brodherrn, des Kemptner Stadtammanns, zusammen [7]). Diese Versammlung entschied sich, (was Knopf der bündischen Commission zu Günzburg schon als seine Absicht angezeigt hatte) die gesammte Landschaft am 21. Jan. auf die uralte Wahlstätte zu Luibas zu berufen, um ihr das Resultat der günzburger Verhandlung mitzutheilen und die weiteren Schritte beschließen zu lassen. Am bestimmten Tage strömte die Landschaft zu Luibas zusammen. Mann für Mann stimmte sie dem Knopfe bei, nimmermehr dem Fürstabte zu weichen, sondern vor dem schwäbischen Bunde gegen denselben den Proceß anzustrengen. Um die nöthigen Geldmittel hiezu aufzubringen, beschloß die Landschaft ferner, ein Drittel der gewöhnlichen Herrensteuer auf die Gotteshausleute umzulegen. Ein dritter Beschluß übertrug die Ausführung dieser Anordnungen den Vorstehern der Landschaft, deren je einer oder zwei aus jeder Pfarrei sich am 25. Jan. in der Stadt Kempten zusammenfinden sollten. Endlich verfügte die Landschaft, daß in allen Gemeinden Sturm geläutet werden müsse, falls die eine oder die andere mit Gewalt überzogen würde. In größter Ordnung ging hierauf die Landschaft aus einander [8]). Ihrem Beschlusse gemäß kamen am 25. Jan. die Pfarreivertreter zu Kempten zusammen, übertrugen aber ihre Vollmacht alsbald einem Ausschusse, der aus Knopf, Tauber und Konrad Mair von Götzen bei Betzigau bestand [9]). Dieser Ausschuß nahm seinen Sitz in der Stadt Kempten, in der trotz ihrer Reichsunmittelbarkeit der Fürstabt eine Reihe der wichtigsten Rechte hatte, z. B. Ernennung des Stadtammanns, Lehensherrlichkeit über sehr viele Häuser der Stadt, das Patronatrecht u. s. w. Längst begierig, diese lästigen Rechte des Stifts abzuwerfen, hatte die Stadt jederzeit die Feinde desselben begünstigt und hegte jetzt die Hoffnung, ihre Absicht zu erreichen, wenn der Abt von seinen Bauern in die Enge getrieben würde. Darum leistete nicht nur die neugläubige Gemeinde, welche selbstverständlich mit der Landschaft sympathisirte, dieser allen möglichen Vorschub, sondern auch die Ehrbarkeit.

Am 26. Jan. erhob der Ausschuß durch den Notar Jakob Gruber, Schulmeister zu Kempten, gegen die Handlungsweise des Fürstabts öffentlichen Protest. Im Namen der Landschaft begehrte er rechtliche Entscheidung durch den schwäbischen Bund, erbot sich, dem Abte alles zu leisten, worüber er Brief und Siegel habe, stellte sich unter den Schirm des Kaisers und des Bundes, und sprach die Hoffnung aus, es würde dem Abte verwehrt werden, gegen die Landschaft etwas vorzunehmen, bevor der Bund seine Entscheidung getroffen. Diese Erklärung überreichte der Knopf dem Bundeshauptmann Walther von Hirnheim.[9]) Daran schloß sich ein weiterer Schritt des Ausschusses: auf den Rath des Dr. Peter Seuter (eines Verwandten des Kemptner Bürgermeisters Gordian Seuter) beschloß der Ausschuß, den Knopf mit Seuter, Jörg Mehelin und dem Heffer in der Au gen Tübingen zu Dr. Johann Henninger zu senden, um sich bei diesem Raths zu[10]) erholen, wie der Proceß zu führen sei. Während aber diese Gesandtschaft in Tübingen weilte, vollzog die Landschaft, welche bisher ganz und gar in der Bahn des alten Rechts vorgegangen, ihren Uebergang zum göttlichen Rechte.

Leider sind wir über diese Entwicklung so gut wie gar nicht unterrichtet. Einen hervorragenden Antheil hatte bestimmt der Prediger an der Kemptner Stiftspfarrkirche[11]) (St. Lorenz) Waibel, neben ihm eine Reihe von Vicariern und Laienpredigern.[12]) Ob auch Knopf mitgewirkt, wissen wir nicht, wenn es auch sehr nahe liegt, denn in seinem Kopfe reifte der folgenschwere Gedanke, alle umliegenden Bauern mit der Kemptner Landschaft auf Grund des göttlichen Rechts zu einem mächtigen Schutz- und Trutzbündnisse zu vereinigen. Zu diesem Zwecke trat er mit den angesehenen Männern der Nachbargemeinden in Verbindung und gewann sie für seinen Plan. Er selbst nennt als die, welche ihm von Anfang an geholfen, die Empörung auszubreiten, den Landammann von Immenstadt, den zu Hohenegg, Hans Rist von Giessen und den hoheneggen Landschreiber Conrad Miller. Seine und seiner Genossen Thätigkeit mußte in Folge der Gährung im Allgäu reichen Erfolg erzielen. Knopf gesteht, die Unterthanen des Bischofs von Augsburg, der Grafen von Montfort, der Truchsessen von Waldburg und alles benachbarten Adels zum Aufstand verleitet und in ein Bündniß gebracht zu haben. Wann Knopf diese Thätigkeit begann, läßt sich nicht mehr angeben; Mitte Februar zu derselben Zeit, da Knopf in Tübingen war, treten ihre Folgen rings um das Kemptner Land gleichzeitig hervor.[13]) Am 14. Febr. vereinigten sich die Oberallgäuer von der Grafschaft Trauchburg an bis zu den Illerbergen auf einer großen Versammlung zu Sonthofen und erklärten sich trotz der Bemühungen des Grafen Wolf von Montfort für das göttliche Recht. Sie verlangen, war ihr Ruf, daß man ihnen so predige, wie der zu Kempten auf dem Berg (Waibel) und der zu Martinszell (der Vikarier Walther Schwarz) es thue. Von einer Angabe dessen aber, was sie auf Grund des göttlichen Rechtes eigentlich wollten, sahen die Oberallgäuer ab; im ersten Sturme bekannten sie sich zu dem einfachen Programme: „sie wellen keine Herren mer han."[14]).

An demselben Tage forderten auch die Unterthanen des Abts von Roth in einer denkwürdigen Eingabe das göttliche Recht. 70 Jahre waren sie ruhig hinter ihrem Abte gesessen, nachdem sie in einem siebenjährigen[15]) Streite (1449—56) durchgesetzt hatten, daß ihre Güter als Erblehen (bisher waren sie Falllehen) erklärt und ihre Abgaben bedeutend erleichtert wurden. Erst 1525 finden sie, daß um sie nur Armut sei. Naiv gestehen sie, daß sie nicht aus sich zur Aufstellung von Artikeln (die wir leider nicht kennen) gekommen, sondern daß es von den geistlichen und hochgelehrten Herrn komme, von denen sie eine lange Zeit gehört haben, womit die armen Leute allenthalben beschwert seien. Sie hörten, daß das nicht an einem Orte, sondern in vielen Herrschaften sei, wo sich die armen Leute empören, denn die hochgelehrten Herren sagten (und Niemand widersprüche ihnen), Gott der Herr habe Gesetze gemacht, und diese seien, wie er sie gemacht habe, die rechten Gesetze, die aber folgerten aus dem Evangelium, daß ein Mensch nicht über einen andern sein solle. Sie hörten auch von den Hochweisen in den Städten, daß diese darein willigen und ihre Dinge bleiben lassen.[16])

Um dieselbe Zeit reichen die Kaufbeurer Bauern eilf Artikel ihrem Rathe ein, welche unverkennbar das göttliche Recht voraussetzen, denn die Forderung der freien Jagd, des freien Fisch- und Vogelfangs, der Beseitigung des Todfalls, des Hauptrechts, der Hofdienste d. h. der Leibeigenschaft[17]) sind bekanntlich der Hauptinhalt dessen, was die Bauern überall unter dem göttlichen Rechte verstanden.[17]) Gleichzeitig gährte es auch in den Kaufbeuren benachbarten Pflegen des Bischofs von Augsburg: Oberdorf, Füssen und Nesselwang.[18])

Auch am Westende des Allgäus begegnen wir um diese Zeit Artikeln. Die Bauern der schellenbergischen Herrschaft Kißlegg reichten 19 Artikel ein, von ganz lokaler Natur. Daß sie aber das göttliche Recht gar wohl kannten, beweist der Anhang ihres Artikelbriefs. In diesem nämlich sprachen die schellenberger Bauern aus, daß auch sie die Abschaffung des großen und kleinen Zehntens, der Leibeigenschaft, freie Jagd, freien Fisch- und Vogelfang beanspruchten, wann ihre Umwohner diese Forderungen durchsetzten.[19])

Ebenfalls Mitte Febr. verweigerten die ottenbeurischen Dörfer Sontheim und Attenhausen ihrem Abte den Treuschwur und bestimmten mit andern Hinterfassen besselben, daß am 20. Febr. eine allgemeine Versammlung der ottenbeurischen Gotteshausleute auf der Linden zunächst dem Kloster stattḥaben sollte.³⁰)

Daß alle diese gleichzeitigen Bewegungen einem gemeinsamen Plane entspringen, dafür zeugen die Vorgänge im Gebiete der Stadt Memmingen. Am 15. Febr. schworen die Bauern von Pleß „zu den andern Bauern zu halten", wenn der memminger Rath ihre Beschwerden nicht abstelle und sie an den „Eroberungen der gemeinen Bauerschaft" Antheil nehmen lasse. Am 20. Februar baten die Bauern von Boos sogar den Rath, sie vor einem „Ueberzuge der verbündeten Bauern" zu schützen, den sie befürchteten, weil sie hinter ihrer Herrschaft bleiben wollten.³¹)

Naturgemäß mußte diese allgemeine Erhebung der allgäuer Bauern auf die Kemptner Landschaft zurückwirken. Hatte diese noch am 21. Jan. einstimmig für Betretung des Rechtsweges gestimmt, so ging sie jetzt davon soweit ab, daß sie, wenn auch nur für einen Augenblick, erklärte: nicht mehr rechten, sondern mit dem Schwerte fechten zu wollen, denn sie sei jetzt so stark, daß sie keines Rechtes mehr bedürfe³²) und daß sie darum durch Bartholome Frei von Leupolz den Knopf und seine Mitgesandten von Tübingen, wo sie während der Ausführung des Knopf'schen Planes geweilt hatten, zurückrufen ließ.³³)

Der heimkehrende Knopf fand also das ganze Allgäu in Bewegung und reif für seinen Gedanken, auf Grund des göttlichen Rechts einen Bund zu gründen. Sofort wurde die Verwirklichung desselben begonnen, und schon am 24. Febr., kaum 10 Tage nach dem Anfange der Agitation, ist der Bund der Allgäuer eine vollendete Thatsache.

Wie bereits erwähnt begannen im Monate Februar in den augsburgischen Pflegen Oberdorf, Nesselwang und Füssen Unruhen. Vergebens kam der mildgesinnte Bischof Christoph selbst in sein Oberland; der Thätigkeit des Knopfs und einiger neugläubiger Prädikanten (wie des oberdorfer Vicars Andreas Stromayr) gegenüber vermochten die Worte des Bischofs nichts. Am 24. Febr. sah er 8000 seiner Unterthanen sich in Oberdorf versammeln und zu diesen Abgeordnete der Kemptner Landschaft und des übrigen Allgäus treten.³⁴) Auf dieser Versammlung, der ersten, in der Vertreter des gesammten Allgäus zusammentagten, wurde der Bund der Allgäuer geschlossen und eine Verfassung desselben in 12 Artikeln angenommen. Der Bund sollte,[25]) wie schon bemerkt, nach seinem Plane nur defensiven Charakter haben, dadurch war auch seine Verfassung bedingt.

Hervorgegangen „aus der großen Noth und Beschwerde in geistlichen und weltlichen Dingen, und aus der unleiblichen Bürde der Bauern" bezweckt der allgäuer Bund durchaus nicht, die Selbständigkeit seiner Glieder, die aus den einzelnen Gemeinden bestehen, anzutasten, deren lokale Forderungen durch allgemeine zu verdrängen, sich als ein festes, unauflösliches Ganzes zu entwickeln und sich darum bestimmte, ständige Organe zu geben. Im Gegentheile, der Bund betont auf das schärfste die Freiheit seiner Glieder, welche völlig nach eigenem Ermessen mit ihren Herren sich vergleichen können. Seine Aufgabe ist lediglich allen denen Schutz und Beistand zu gewähren, welche bei dem heil. Evangelium, dem Worte Gottes und dem hl. Rechte bestehen wollen, und welche bei diesem Leib und Gut einsetzen würden als Brüder in Jesu Christo, ihrem Erlöser. Deutlich ist damit der Defensivcharakter des allgäuer Bundes ausgesprochen, nicht mit Waffengewalt will er die Forderungen seiner Angehörigen durchsetzen, will er die Rechte der Herren vernichten, sondern er will es seinen Gliedern lediglich ermöglichen, die Ansprüche durchzusetzen, welche ihnen das göttliche Recht gestattet. Darum verordnen die allgäuer Artikel, daß jede Obrigkeit sich mit ihren Unterthanen gütlich oder rechtlich vertragen solle, und gestatten ihr dieß sogar mit den Einzelnen, wenn es nur nicht hinter dem Rücken der Gemeinde geschieht; darum befiehlt die Bundesverfassung ferner, daß jede Gemeinde ihrem Herrn, falls ihn Noth anginge wider Recht, mit Leib und Gut helfen solle, darum verbietet sie den Bundesgliedern, sich zu rotten und Aufruhr zu machen, und befiehlt den, welcher dieses Verbot übertrete, an seinem Leibe sogar zu strafen. So weit ist der Bund von Empörung ferne: alles, was er von den Herren will, ist Anerkennung des göttlichen Rechts, das den positiven Inhalt der allgäuer Artikel bildet, ohne daß die Verfasser derselben scharf angeben, was sie denn darunter begriffen wissen wollen, d. h. welche Forderungen sie als im Evangelium begründet machen. Ja, sie halten das göttliche Recht einer weitern Entwicklung fähig, im 11. Art. nämlich macht der Bund einen eigenthümlichen Vorbehalt: „für jetzt wollten sie nur Beseitigung ihrer Beschwerden in geistlichen und weltlichen Dingen, zu anderer Zeit aber wolle man Jedermann nach all seiner Nothdurft verhören."

Mit der ausschließlichen Betonung des göttlichen Rechts als des alleinigen Maßstabes in Beurtheilung der Verhältnisse zwischen Herrn und Unterthanen steht endlich in innerstem Zusammenhange die weitere Forderung, daß die Priester das hl. Evangelium fortan verkünden sollten und nicht menschliche Träume und Aussagungen, widrigenfalls werde man sie absetzen.

Das ist der wesentliche Inhalt der allgäuer Artikel, der Verfassungsurkunde des allgäuer Bundes. Die Gründung dieses Bundes mußte eine außergewöhnliche Tragweite haben: vom 24. Febr. datirt der Bruch mit dem bisher giltigen Rechte, der Sieg des göttlichen Rechts. Damit aber war zwischen den Bauern und ihren Herren eine weite Kluft gerissen, solange letztere nicht auf den Boden des göttlichen Rechts übertraten, mochten die Bauern auch noch so redlich beabsichtigen, ihren Herren die gebührenden Leistungen zu erfüllen, und noch so entfernt von dem Gedanken sein, mit Gewalt ihre Forderungen durchzusetzen. Die Thatsache, daß die verschiedenen lokalen Forderungen nach einem Princip beurtheilt werden und daß der neue Bund dieses Princip nöthigenfalls mit Gut und Blut vertheidigen wird, daß er wegen dieses Princips gegen die Geistlichkeit bereits Zwang übt, diese Thatsache mußte auf die Organisation des Bundes erweiternd und ausbildend wirken, selbst wenn die Herren keinen Widerstand gegen das göttliche Recht geleistet hätten. Aus einem Schutzbündnisse gleichberechtigter Gemeinden mußte wegen des Zweckes der Verbindung ein eng organisirter Bundeskörper unter einer starken Centralgewalt sich herausentwickeln. Wir wissen nicht, ob die Verfassung vom 24. Februar den Ansichten des Knopfs und seiner Freunde entsprach; so jedoch, wie sie in den allgäuer Artikeln vor uns liegt, kann sie unmöglich die Arbeit weniger Männer sein; ihre unfertige, theilweise unklare Ausdrucksweise, ihre unschöne Sprache, die Nachlässigkeit, mit der sie verschiedenartige Bestimmungen wirr durch einander wirft, all diese Mängel lassen sie als das Werk einer großen Versammlung erscheinen. Gerade aber diese Mängel der Verfassung waren ein wesentliches Mittel, den Bauernbund auszudehnen. Indem die allgäuer Artikel den Bundesgliedern die größte Freiheit lassen, ihnen selbst die Auslegung des Prinzips, auf dem der Bund steht, anheim geben, so daß jedes Glied nach Gutbefinden mehr oder weniger unter dem Namen des göttlichen Rechts fordern kann, und indem bennoch die Forderungen des Einzelnen unter den Schutz des Bundes gestellt sind, so mußte die Bundesverfassung weithin die Bauern zur Annahme dieses göttlichen

Rechts und zum Eintritte in den allgäuer Bund bewegen. Schon am 24. Febr. zeigte sich der Einfluß des Bundes.

Die augsburgischen Unterthanen überreichten ihrem Bischofe sofort eine Reihe von Artikeln, in denen wir wohl mit Recht das suchen können, was die allgäuer Bundesglieder auf Grund des göttlichen Rechts am 24. Febr. forderten. In diesen Artikeln verlangten die Oberdorfer Beseitigung des Todfalls, und der Ungenossame, der Leibeigenschaft, aller Dienste und Abgaben an auswärtige Herren (nicht aber der Dienste, welche sie dem Bischofe schuldeten) Freiheit der Jagd, des Vogel- und Fischfangs, Abschaffung des Zehnten, ohne den bisher gegebenen zurückzufordern. So weit war noch kein Artikelbrief gegangen, denn die Oberdorfer wollen bereits Austilgung der fremden Rechte im bischöflichen Gebiete, beginnen also schon das göttliche Recht selbst auf das Politische überzutragen.[25])

Auch nach einer andern Seite hin zeigte sich am 24. Febr. der Einfluß des allgäuer Bundes. Die Verfassung desselben schrieb vor, d m Pfarrer die Kirchenschlüssel abzunehmen, damit jede Gemeinde, so oft es nöthig wäre, unbeirrt Sturm läuten könne, um ihre Angehörigen zu versammeln. Die Oberdorfer verlangten alsbald von ihrem Pfarrer den Vollzug dieses Artikels, und als dieser sich weigerte, kam es trotz der entgegenstehenden Bestimmung der Verfassung zur Anwendung von Gewalt: die erboste Menge plünderte den Pfarrhof, erbrach die Kirche und schlug Sturm.[26]) Nach diesem Gewaltakte fand Bischof Christoph für gut, seinen Unterthanen auszuweichen; er zog gen Füssen, mußte aber schon am 25. Febr. den Schmerz erleben, daß ihm die Pflege Füssen „schmählich zuredete." Von allen seinen allgäuer Besitzungen hielten nur noch die Stadt Füssen, das Thal Pfronten und das Dorf Burggen treu zu dem Bischofe.[27])

Zu derselben Zeit ergriff die Bewegung die schwäbische Hälfte der bayerischen Pflegen Schongau und Landsberg. Schwabsoien, Denklingen, Epfach, Leeder traten in den allgäuer Bund. Jene Dörfer aber, welche sich dessen weigerten, waren stündlich eines Ueberzugs der Bundesglieder gewärtig, wie z. B. Walhaupten (27. Febr.).[28])

Am 1. März wurden die irrseer Bauern, von Kaufbeuren aus mit der neuen Lehre angesteckt, schwierig, und nur den vereinigten Anstrengungen des Abts, des Kastenvogts Georg von Bengenau auf Remnat und der altgläubigen Rathsherrn von Kaufbeuren Rößlin,

Clamer und Bonrieder gelang es, dieselben vorläufig vom Anschlusse an den Bauernbund zurückzuhalten.²⁹)

Am 3. März griff die Gährung längs der Wertach um sich: die steingadischen Orte Wibergeltingen und Weicht verlangten von ihrem Abte Abstellung lokaler Beschwerden, die aber auf dem göttlichen Rechte fußten. Beide Dörfer forderten nämlich Abschaffung des kleinen Zehntens, Weicht überdieß des Kirchenopfers und des Seelgeräthes.³⁰)

Auch auf die Städte wirkte die Bewegung des Landvolkes zurück. Am 1. März kam es in Kaufbeuren und Kempten zu Aufläufen, denen der Rath nur durch äußerste Nachgiebigkeit zu begegnen wußte.³¹) Auch um Memmingen wuchs die Bewegung. Im Ottenbeurischen, wo der memminger Rath auf Bitten des Abts Leonhard am 20. Febr. die Beruhigung der Klosterleute hätte versuchen sollen, rotteten diese sich um Fastnacht (26. Febr.)³²) drohend zusammen. Memmingen selbst vermochte sein Landvolk nur dadurch in Ruhe zu halten, daß sein Rath demselben um den 24. Febr. die Abstellung der Beschwerden nach Maßgabe des göttlichen Rechts zusicherte.³³)

Die Kißlegger, welche um den 20. Febr. auf die Vermittlung Wangens hin sich beruhigt hatten, erhoben sich nicht nur aufs neue, sondern bedrohten im Vereine mit den Bauern der Abtei Ochsenhausen die truchseßischen Unterthanen mit Ueberzug, wenn sie nicht mit ihnen gemeinsame Sache machen wollten. Die Truchseßischen stellten darum Ende Febr. ihrem Herrn die Alternative, entweder bis zum 3. März heimzukehren, um sie zu beschützen, oder sie in den Reihen der Bauerschaft zu erblicken. Umsonst stellte Truchseß Georg am 28. Febr. von Tuttlingen aus dar, wie Ehre und Eid ihn, den Diener des Erzherzogs Ferdinand und des schwäbischen Bundes, zurückhielten, umsonst versprach er, alle Forderungen zu erfüllen; seine Bauern traten am 3. März unter dem Pfarrer Florian von Aichstetten (bei Memmingen) 5000 an der Zahl zu einem Gewalthaufen zusammen, verbanden sich mit den übrigen Unterallgäuern, forderten die Predigt des reinen Evangeliums, frei von Menschensatzungen, und zwangen das Städtchen Wurzach ihrem Bunde beizutreten.³⁴)

Während dieser Ereignisse war zur Ausbildung des Bundes auf einer allgemeinen Versammlung zu Luibas ein gewaltiger Schritt vorwärts geschehen. Truchseß Wilhelm von Waldburg, Statthalter von Wirtenberg (ein Vetter Georgs), hatte nach den Vorgängen im Febr. für gut befunden, seine Bergveste Trauchburg bei Isny mit Besatzung zu versehen. Als das Gerücht hievon im Allgäu sich verbreitete, bewirkte es ähnliche Auftritte, wie der Franzosenschrecken von 1848. Aus der Besatzung Trauchburgs wurde im Volksmunde das reisige Heer des schwäbischen Bundes, welches auf die Anklage des Fürstabts von Kempten hin, die Allgäuer hätten gegen sein Gotteshaus ein Bündniß unter sich geschlossen, heranzöge. Das ganze Allgäu erhob sich in Waffen.[35])

Am Fastnachtssonntage (26. Febr.) setzten sich die Allgäuer gegen Norden in Bewegung. Heute noch reden die Bauern von Weiler davon, daß an diesem Tage ihre Väter die Burgen der Twingherrn gebrochen, heute noch stehen bei Rimpach die Schanzen, welche damals die trauchburger Bauern aufwarfen.[30])

Die Kemptner Landschaft war an demselben Tage in Dietmannsried zusammengelaufen. Knopf und seine Genossen, von denen nunmehr Conrad Miller aus Hohenegg Bundesschreiber[36]) geworden, wußten diesen Kriegsschrecken aufs Beste auszunützen. Schon am 27. Febr. traten die Allgäuer zu einer Versammlung in Luibas zusammen.[37]) Auch der Rath und die Zunftmeister von Kempten fanden für gut, sich dort vertreten zu lassen und durch das Anerbieten, die Bauern als Nachbarn und Verwandte in gebührenden Sachen nicht zu verlassen, die Gährung nach Kräften zu steigern.

Auf dieser Versammlung zu Luibas brachte der Schrecken des 26. Febr. einen Beschluß zu Stande, welcher die drei Tage alte Bundesverfassung wesentlich umschuf. Während nämlich die Verfassung vom 24. Febr. es einem jeden freigestellt hatte, dem Bunde beizutreten, so beschloß die luibaser Versammlung am 27. Febr., daß alle Landeskinder demselben anzugehören haben, wenn sie nicht als Feinde des Bundes gelten und als Zeichen der Aechtung einen Pfahl vor ihrer Thüre sehen wollten.

Noch weiter brachte den Bund der Kemptner Fürstabt. Dieser hatte sich vor Kurzem aus dem offenen Stifte (neben der Stadt Kempten) in die starke Veste Liebenthann zurückgezogen und machte nun, freilich in sonderbarer Weise, einen Versuch seine Landschaft zu beruhigen. Als seine Vertreter erschienen zu Luibas der memminger Geschlechter Ott Zwicker, Hans von Freundsberg und Marquard von Schellenberg. In arger Verblendung glaubten diese wie der Fürstabt, mit Drohungen die Landschaft bekehren zu können. Die Gesandten setzten darum dieser aus einander: der Abt bestünde auf Entrichtung aller Steuern, die er ausgeschrieben, in nichts wolle er seine Unterthanen leichter halten, als bisher, daraufhin wolle er sich gütlich rechtlich oder fechtlich mit der Landschaft vertragen! Als die Bauern entgegneten, sie wollten gegen ihren Herrn nur das Recht gebrauchen, fuhr sie der Freundsberger an, „er sei nicht des Rechtes halber gekommen, sondern um das Schwert über sie zu gebrauchen, ihre Weiber zu Wittwen, ihre Kinder zu Waisen zu machen, die Spieße müßten ihr Grab werden. Einen Tag gebe er ihnen Bedenkzeit, ob sie sich einfach unterwerfen wollten, für diesen einen Tag gebe er ihnen freies Geleite gen Liebenthann." Nach solchen Worten war es natürlich dem Knopfe leicht, die ernstgemeinten Vermittlungsversuche des Marschalls Joachim von Pappenheim, Herrn zu Grönenbach, die er jedoch, wie es scheint, aus eigenem Antriebe machte, zu vereiteln, wenn er auch nicht hindern konnte, daß die Landschaft ihrerseits noch einen letzten Versuch machte, mit ihrem Fürsten sich gütlich zu vergleichen. Unter Benützung des von Freundsberg ausgefertigten Geleitsbriefes sandte sie nämlich von Luibas am 28. Febr. eine Gesandtschaft nach Liebenthann, diese aber wurde nicht einmal in die Burg gelassen. Damit waren alle friedlichen Verhandlungen zwischen Abt und Landschaft abgeschnitten. Hatte die Haltung der Bauern gezeigt, daß sie nichts als das Recht, freilich das göttliche, gewollt, daß sie an Waffengewalt gar nicht gedacht, so nöthigte sie dennoch das Benehmen ihrer Gegner, gegen ihren Willen ihren Bund zu einem Trutzbündnisse auszubilden. Wie die Furcht vor einem Ueberfalle des schwäbischen Bundes sie veranlaßt hatte, alle Allgäuer in ihr Bündniß zu zwingen, so nöthigte sie das übermüthige Verfahren des Kemptner Fürstabts, ihrem Bunde eine festere Organisation zu geben, damit dieser im Stande sei, gegen einen drohenden Angriff sich nachhaltig zu wehren. Die luibaser Versammlung (sie dauerte mehrere Tage) beschloß darum, die Leitung des Bundes in die Hände eines Ausschusses zu legen, der aus den Hauptleuten bestehen sollte, welche jede Gemeinde sich selbst wählte. Diese, wurde ferner beschlossen, sollten am 4. März in der Stadt Kempten zu einem „allgemeinen Ausschusse der Allgäuer Landschaft" zusammentreten. Ein weittragender Beschluß: die allgemeinen Bauernversammlungen hörten mit ihm auf und übertrugen ihre Machtvollkommenheit auf einen kleinen, darum aber beweglichern Ausschuß. Damit aber ist erst ein eigentlicher, einheitlicher Bund gestiftet und darum hören wir erst jetzt, daß derselbe einen eigenen Namen sich beilegte: „christliche Vereinigung der Landart im Allgäu." [38]) Deren Ausschuß und Gesandte kamen am 4. März, wie beschlossen, in Kempten zusammen,[39]) und sofort zeigte es sich, wie ganz anders dieselben die Aufgabe des Bundes zu verfolgen wußten, als die Tagfahrten zu Oberdorf und Luibas. Im festen Glauben, daß die christliche Vereinigung Niemanden zum Nachtheile wirke und nichts als Gerechtigkeit fordere, wandte sich der junge Ausschuß gemeiner Landschaft im Allgäu an die erste Person im Reiche, den kaiserlichen Statthalter Erzherzog Ferdinand, in einem denkwürdigen Schreiben.⁴⁰) „Ihre Vereingung sei dem Allmächtigen zu Lob, zur Erhöhung des heiligen Evangeliums und Gotteswortes, zum Beistande des göttlichen Rechts, Niemanden aber zu Aerger und Verdruß gegründet. Sie seien bereit, geistlicher und weltlicher Obrigkeit alles zu leisten, was sie von göttlichen Rechtes wegen zu thun schuldig seien. Darum aber, weil sie vermuthen, man habe sie vor dem Erzherzoge verklagt und verunglimpft, rufen sie, deren Gemüth es nicht ist, Jemanden Gewalt zuzufügen, um Gottes und der Gerechtigkeit willen ihn an, er möge sich nicht gegen ihre Vereinigung mit Ungnaden bewegen, sondern sie zur Verantwortung kommen lassen, und als kaiserlicher Statthalter, als Liebhaber der Gerechtigkeit, als Grund, Ursprung und Beschirmer des göttlichen Rechts sie bei demselben beschützen und nicht vergewaltigen lassen. Endlich stellen die Ausschußmitglieder ihm vor, es sei scheinbar vor Augen und am Tag, wie sehr sie (die Bauern) bedrückt seien, versprechen, ihre Beschwerdeartikel dem Erzherzoge seiner Zeit zu senden, und erbieten sich, ihm oder ihren Herren, wenn diesen wider das göttliche Recht Gewalt angethan würde, mit Leib und Gut beizustehen."

Mag auch dieses Schreiben vorzugsweise der Furcht vor dem Fürstabte und dem schwäbischen Bunde seine Entstehung verdanken, so geht doch auch aus ihm hervor, daß die christliche Vereinigung an Gewalt noch nicht dachte, vielmehr wähnte, mit den Herrn sich friedlich vergleichen zu können. Wie sehr aber in der That am 28. Febr. dieser naive Standpunkt unmöglich war, zeigen andere Beschlüsse des Ausschusses, welche dieser friedlichen Gesinnung widersprechen, vielleicht ohne daß der Ausschuß dieses Widerspruchs bewußt war.

Die von Oberdorf und Schwabsoien hielten sich ohne Grund von den bayerischen Hauptleuten in Schongau bedroht, welche vielmehr einen Angriff der Bauern ihrerseits stündlich erwarteten und diesem kaum einigen Widerstand hätten leisten können. Der Ausschuß trat, davon benachrichtigt, alsbald für die Bundesverwandten ein und erklärte den Hauptleuten drohend, jene bei Erreichung des göttlichen Rechts nicht weiter zu behelligen. (4. März.) ⁴¹) Ferner wachte der Ausschuß über den genauen Vollzug der luibaser Anordnungen und forderte darum unter Drohungen die Orte, welche der christlichen Vereinigung noch nicht beigetreten, auf, den Anschluß sofort zu bewerkstelligen, ohne Rücksicht darauf, daß dieses Vorgehen seine friedlichen Versicherungen Lügen strafe. Zwei solcher Aufforderungen, an Füssen und Pfronten, sind uns noch erhalten.⁴²)

Endlich trat zu Kempten an den Ausschuß noch eine letzte und größte Aufgabe heran: der Beitritt zu einem Bunde mit den Baltringern und Seebauern. Bevor ich jedoch davon rede, dürfte es nöthig sein, den Blick von den Vorgängen im Allgäu auf die Ereignisse zu richten, welche sich gleichzeitig mit jenen am Bodensee und im Biberacher Riede zutrugen. Zuvor jedoch sei mir noch gestattet, die Entwicklung der allgäuer Bewegung kurz zusammenzufassen.

Ueberall im Allgäu sahen wir das Volk ob eines steigenden Druckes in Unzufriedenheit, die unaufhörliche Rechtsstreite erzeugte und die durch den Einfluß der neuen Lehre unter Vortritt der Kemptner Landschaft zur Vereinigung des gesammten Allgäus führte zu dem Endzwecke, die Anerkennung des göttlichen Rechtes als der absoluten und allein giltigen Rechtsquelle im Streite zwischen Herrn und Unterthanen durchzusetzen und für den Fall eines Angriffs die Kraft des Landvolks zur Vertheidigung des göttlichen Rechts zusammenzufassen. Der allgäuer Bund bezweckte keineswegs die Vernichtung der Selbständigkeit seiner Glieder, vielmehr machte sich diese in einer Reihe lokaler Artikel geltend, deren gemeinsames Band nur das allen zu Grunde gelegte göttliche Recht ist. Erst die Furcht vor einem Ueberfalle von Seiten des schwäbischen Bundes führte die christliche Vereinigung dahin, sich fester zu organisiren, mit Zwang sich zu erweitern und sich ein leitendes Centrum in einem Ausschusse der Hauptleute zu bilden, ohne daß es auch zu einer Aufstellung gemeinsamer Forderungen gekommen wäre oder daß die Vereinigung von ihrer Absicht, friedlich sich mit den Herrn zu vergleichen, losgesagt hätte.

Der allgäuer Bund ist also lediglich ein unter gemeinsamer Leitung stehendes Defensivbündniß selbständiger Gemeinden, das sich von den mittelalterlichen Einigungen gleicher Art nur dadurch unterscheidet, daß es seine Ansprüche und Forderungen nicht, wie jene, auf das Rechtsherkommen, sondern auf das höchste und letzte, das göttliche Recht gründet.

Sehr ungenügend sind wir über die Entstehung des Seehaufens unterrichtet. Die Thatsache, daß das Kloster Weingarten schor am 17. Febr. seine Urkunden, Heilthümer und Schätze dem Stadtgewölbe Ravensburgs anvertraute,[43]) zeigt indeß, daß im Schussenthale gleichzeitig mit den Vorgängen in den Bergen des Allgäus der Sturm losbrach. Einen Zusammenhang der bodenseer mit der allgäuer Bewegung dürfte die Thatsache wahrscheinlich machen, daß an demselben Tage, an dem der allgäuer Bund entstand, der Grund zu dem Seehaufen gelegt wurde. Am 24. Febr. beschworen zu Rappersweiler (unweit Lindau) 7000 Unterthanen der Grafen von Montfort mit ihren Nachbarn einen Bund und stellten Dietrich Hurlewagen an ihre Spitze.[44]) Damit war der Kern entstanden, um den sich der Seehaufen lagerte.

Diese Bewegung aber am Bodensee und Schussenthale unterscheidet sich vielfach von der im Allgäu. Die neue Lehre hatte unter den Seestädten nur in Lindau einen vollständigen Sieg errungen. In Ravensburg vermochte ihr Anhang nicht aufzukommen und in Ueberlingen blieb die altgläubige Lehre in ungestörter Herrschaft. Darum verbreitete sich die Lehre der Reformatoren auf dem flachen Lande am Bodensee fast gar nicht; ein einziger Pfarrer, der zu Esseratsweiler, folgte auf dem Lande dem Beispiele des lindauer Klerus. Er ist auch der einzige Landgeistliche, welcher am Bauernkriege Antheil nahm.[45]) Frohlockend rief daher im Sommer 1524 der katholische Vorkämpfer Oberschwabens, Abt Gerwig Blarer von Weingarten, aus, „daß bei ihnen Luther in keinem Ansehen stünde."

Ebendarum fehlt aber dem Seehaufen fast ganz das Charakteristische der Bewegung von 1525. Allerdings fordern auch die Seebauern das göttliche Recht, aber zur Seele der Bewegung konnte dieses am Bodensee nie werden. Es fehlen hier die Versammlungen, auf denen über den Inhalt des göttlichen Rechts verhandelt wird, die Versicherungen, keinen Aufruhr machen und allen Herrn leisten zu wollen, was ihnen das göttliche Recht zuspreche. Die Bewegung verläuft hier vielmehr trotz des göttlichen Rechts ganz in den Bahnen einer mittelalterlichen Erhebung. Als die tapfersten und kriegstüchtigsten Deutschen gepriesen[46]) ergreifen die Seebauern sofort Morgenstern und Hellebarde, um durch Waffengewalt sich von ihren Lasten zu erlösen und ihre Herren zu beseitigen. Darum tritt bei ihnen kein Ausschuß hervor, welcher im Namen der Gesammtheit handelt, sondern die Seebauern bleiben in Feldlagern schlagfertig beisammen und stellen an die Spitze lediglich Männer, welche das Kriegshandwerk verstehen.

Wir finden darum sogar Abelige unter ihren Hauptleuten: den lindauer Geschlechter Hurlewagen und den Ritter Jos. Humpiß von Senftnau. ⁴⁷) Weil ihre Bewegung aber nicht auf Erreichung des göttlichen Rechts abzielte, sondern nur auf Abwerfung ihrer Beschwerden, zu welchem Behufe ersteres wohl als Mittel zu benützen war, so gelang es denn auch im April die Seebauern zu einem Vertrage zu bringen, welcher ihren Forderungen entgegenkam. Diesen Vertrag aber — ein starker Beweis, daß unter ihnen das göttliche Recht nicht gesiegt — hielten sie im Gegensatze zu den neugläubigen Bauern trotz aller Aufforderungen und Drohungen der Allgäuer unverbrüchlich.

Schon am 24. Febr. zeigte der rappersweiler Haufen diesen Charakter; er überfiel an diesem Tage das Kloster Langnau, zwang die Bauern der Nachbarschaft sich ihm anzuschließen und sperrte die Straßen. Am 27. Febr. bekam er durch den Anschluß der Landvogtei einen gewaltigen Zuwachs. Trotz der Gährung unter den Landvogteibauern hatte der Landvogt am 20. Febr. diese und die Unterthanen der Herrschaft Hohenegg zum Zuge gegen Ulrich von Wirtenberg aufgeboten. Sie gehorchten, zogen aber statt nach Tuttlingen zum rappersweiler Haufen.

Von da an nannte sich dieser den niederallgäuer Haufen, welcher mit Güte und Drohung alle Bauern am See zu sich herüberzubringen suchte. Anfangs März bedrohte er Weingarten und forderte den Reichsflecken Altdorf, der einen Sonderaufstand gemacht, zum Anschlusse auf. Am 3. März fielen die Unterthanen der Abteien Weingarten und Weissenau zum Haufen, der dadurch in Fühlung mit dem truchsessischen trat.⁴⁸) Zu derselben Zeit schworen die Bauern jenseits der Schussen bis Ueberlingen und Ostrach zu dem Haufen, und bildeten einen zweiten zu Ailingen, welcher sich den Seehaufen nannte, ein Name, der aber bald das Gesammtbündniß bezeichnete.⁴⁹) Immer ungestümer wurden mit diesen Erfolgen die Seebauern. Alles, lautete zu Anfang März ihr Programm, nicht nur diejenigen Herren, Städte und Leute, über die sie sich zu beklagen hätten, sondern alle Bauern ohne Ausnahme müßten mit oder gegen ihren Willen in ihren Bund. Wer nicht mit ihnen sei, sei ihr Feind. Planmäßig betrieben sie den Vollzug dieses Programms.⁵⁰)

In mehrere Haufen getheilt nahmen sie nach allen Seiten hin eine drohende Stellung ein. Der ailinger unter Eitelhans Ziegelmüller von Bermatingen wandte sich gegen Markdorf, Salem und

Heiligenberg; der niederallgäuer Haufen trennte sich, während ein Theil unter Hurlewagen in der Nähe von Lindau blieb, zog der andere unter Stephan Räl in das Schussenthal, wo er am 5. März, offenbar zur Beobachtung Ravensburgs, in Berg lagerte und Altdorf wiederholt zum Beitritte aufforderte.⁵¹) Als Vorposten des Seehaufens kann der truchsessische gelten, der nach der Einnahme von Wurzach, durch Zuzug aus dem Illerthale verstärkt, am 5. März unter Pfarrer Florian das Städtchen Waldsee, wo die Gemahlin und die Kinder des Truchsessen Georg waren, umzingelte.⁵²)

Vollendete der kriegerische Seehaufen seine Organisation durch Ernennung eines obersten Feldhauptmanns, so war es unzweifelhaft, daß er bei der völligen Ohnmacht der Herren und Ehrbarkeiten sein Ziel erreichte. Dieses aber wurde durch die Gründung des Bundes zwischen den Allgäuern, Seebauern und Baltringern verhindert.

Am tiefsten war die neue Lehre eingedrungen in dem Dreiecke, das sich zwischen den Städten Biberach, Ulm und Memmingen erstreckt. In diesen drei Städten waren schon 1524 die Gemeinden entschieden der neuen Lehre zugethan. In Memmingen hatte die unruhige Gemeinde unter Leitung Christoph Schappelers sogar am 2. Jan. 1524 die Einführung eines reformirten Cultes durchgesetzt, in Biberach und Ulm waren die Gemeinden so entschieden neugläubig und aufrührerisch, daß eine Aenderung des Cultes und der städtischen Obrigkeit von der Ehrbarkeit sich kaum mehr hindern ließ.

Von diesen Städten aus, damals wie heute Hauptplätzen des schwäbischen Getreidehandels, hatte sich die neue Lehre schnell über das getreidebauende Land verbreitet, da Schappeler ebenso wie die biberacher Prädikanten, seine Schüler, schon 1523 für Ausbreitung ihrer Lehre unter dem Landvolke arbeiteten. Sie mußten große Erfolge erzielen, weil die oberschwäbische Bauerschaft durchgängig leibeigen war und unter argem Drucke lebte, hier also das göttliche Recht noch weit mehr als am Bodensee und im Allgäu als Erlöser gefeiert wurde.⁵³)

Bereits am 24. Dec. 1524 fanden darum in Baltringen (einem biberachischen Dorfe am Donauriede gelegen) Zusammenrottungen statt,⁵⁴) die seit Ende Januar größere Bedeutung erhielten, da die Führer die umliegenden Orte mit den Baltringern zu vereinigen wußten. Die Versammlung des 9. Febr. wurde schon von 2000 Bauern besucht, und so schnell wuchs diese baltringer Verbindung, daß der schwäbische Bund beschloß, diese Versammlung vom 9. Febr. zu beschicken und mit den Baltringern Unterhandlungen anzuknüpfen.⁵⁵)

Schon am 24. Okt. 1524 hatte der Bundesrath im Hinblicke auf den Aufstand der Stühlinger und Hegauer zu Ulm beschlossen, die eilende Hilfe des Bundes aufzubieten, was aber nicht ausgeführt wurde, da zu Ende des Jahres mit der momentanen Beruhigung jener Bauern alle Gefahr beseitigt schien. Das neue Jahr fand den am 5. Febr. zusammentretenden Bundesausschuß in argem Zwiespalte darüber, wie er sich gegen die Bauern zu verhalten habe. Je mehr die Gährung stieg, desto furchtsamer ward der Adel. Dieser, die Klöster, Bischof Christoph von Augsburg und die Städte, welche vor ihren Gemeinden zitterten, waren für Nachgiebigkeit, der bayerische Bundes= gesandte, der Kanzler Dr. Eck, hingegen, welcher einen friedlichen Aus= gleich mit den Bauern schon damals für unmöglich hielt, vertrat an der Spitze einer kleinen Parthei die Ansicht, die Bauern sofort, bevor ihre Bewegung sich weiter ausdehne, niederzuwerfen und mit Gewalt den Aufruhr in seinem Keime zu ersticken. 500—600 Pferde, meinte er, seien hiezu genügend.[56]) Zu Ecks großem Aerger setzte die andere Partei jedoch am 9. Februar durch, nach Baltringen eine bündische Commission, bestehend aus den Rittern von Königsegg und Knöringen und dem ulmer Bürgermeister Neithard, zu senden. Diese Gesandtschaft gelangte in der That zu einem Erfolge.[57])

Denn die Riedbauern hatten einen Mann an ihre Spitze ge= stellt, der weit entfernt von dem Gedanken an Aufruhr war: Ulrich Schmid von Sulmingen, seines Zeichens Hufschmied. Er lebte in guten Verhältnissen und genoß wegen seines Charakters und seiner Redegewandtheit in der ganzen Umgegend großes Ansehen. Ein be= geisterter Anhänger der neuen Lehre, durchdrungen von ihrer Wahr= heit und der Gerechtigkeit der Volkssache, schien er den Baltringern der geeignetste Mann, ihre Beschwerden als ihr Sprecher vor den Herrn zu vertreten. Ungern übernahm Schmid dieses Amt. Als er es that, erklärte er ausdrücklich, es nur darum zu übernehmen, um Empörun= gen zu verhüten und auf friedlichem Wege das göttliche Recht seinen Landsleuten zu erringen, eine Absicht, die damals von der ganzen baltringer Bauerschaft getheilt wurde.[58]) In deren Namen bedeutete Schmid am 9. Febr. die bündische Commission, die Bauern seien nicht zusammengekommen, um sich zu empören, sondern lediglich um Berathung zu pflegen, wie sie sich von den Beschwerden, die gegen Recht und Herkommen auf ihnen lasteten, befreien könnten. Er nannte auch diese Beschwerden, nämlich Leibeigenschaft, Frohnden und Dienste, Kleinzehnten, Renten, Zinse und Gilten, Verbot der Jagd, des Fisch=

und Vogelfangs, Beschwerden, deren Beseitigung auch von den Allgäuern auf Grund des göttlichen Rechts gefordert wurden. Schmid aber sprach am 9. Febr. zum erstenmale klar und offen den prinzipiellen Zusammenhang der einzelnen Artikel mit dem göttlichen Rechte aus und betonte, daß die Berechtigung einer jeden Forderung in ihrer direkten Begründung durch die hl. Schrift zu suchen sei. Am 9. Febr. kam es jedoch noch nicht zu Auseinandersetzungen über das Princip des göttlichen Rechts und die aus ihm zu schöpfenden Artikel. Erst am 16. Febr. sollten auf einer neuen Versammlung zu Baltringen der Gesandtschaft die Artikelbriefe, welche jede einzelne Gemeinde bis dahin abfassen sollte, übergeben werden.[59]

Zu Ulm war der Bundesrath einig, daß solche Forderungen, wie sie Schmid am 9. vorläufig ausgesprochen, niemals bewilligt werden könnten, und jetzt gelang es dem Kanzler Eck am 11. Febr. den Beschluß durchzusetzen, das erste Drittel der eilenden Hilfe schleunigst aufzubieten. Da aber die Volkserhebung mit erschreckender Schnelligkeit nach allen Seiten sich ausbreitete, so brachte Eck, wenn auch mit Mühe, den Bundesrath dahin, sofort auch das zweite Drittel aufzubieten.[60] Gleichzeitig versuchte der Bund, dadurch der Bewegung Einhalt zu thun, daß er (14. Febr.) ein Mandat erließ,[61] welches die Bauern zur Ruhe aufforderte, und daß er auf den oben erwähnten Protest der Kemptner Landschaft vermittelst des Dr. Peter Seuter dieser zu wissen that, er wolle sie mit ihrem Fürstabte friedlich oder rechtlich vereinigen.[62] Natürlich halfen solche Maßregeln gar nichts. Der baltringer Haufen war am 16. Febr. schon 12000 Mann stark. Ueber 300 Artikelbriefe sollen der bündischen Commission an diesem Tage zu Baltringen überreicht worden sein. Was aber noch wichtiger war, jetzt hatte der Haufen sich organisirt: er hatte Räthe und Ausschüsse gewählt, an deren Spitze als oberster Leiter Ulrich Schmid stand. Der Haufen hatte ferner die wichtige Bestimmung getroffen, daß alle Donnerstage auf dem Riede eine allgemeine Versammlung stattfinden sollte, an der alle Glieder des Haufens in Wehr und Waffen Antheil zu nehmen hatten.[63] Die bündische Commission versprach auf die Artikel, denen ohne Zweifel die obenerwähnten Forderungen vom 9. Febr. und die principielle Betonung des göttlichen Rechts zu Grunde gelegen sein werden, bis zum 26. Febr. die Antwort der Herren an den Bauernausschuß zu bringen. Die Herren dachten aber gar nicht daran, jene Artikel anzunehmen, und es wäre wohl schon damals zur Anwendung von Waffengewalt gekommen, wenn nicht der Eintritt eines lang befürchteten Ereignisses die Macht des schwäbischen Bundes auf einen andern Schauplatz geführt hätte. Der Herzog Ulrich von Wirtenberg fiel während der Fastnachtwoche mit eidgenössischen Söldnern in sein Land ein und zwang dadurch den Bund, seine verfügbaren Kräfte statt an der Donau am Neckar zu sammeln. So blieb dem Bundesrathe nur die Möglichkeit, mit den Bauern die Verhandlungen fortzuführen, nicht in ehrlicher Friedensgesinnung, sondern in der Absicht, jene solange hinzuhalten, bis der Truchseß Georg nach Niederwerfung des Wirtenbergers das bündische Heer gegen sie führen könnte. Durch weitere Unterhandlungen gedachte der Bundesrath zugleich ein Bündniß des Herzogs mit den Oberschwaben, von dem bereits Gerüchte, wenn auch grundlos, im Umlauf waren, zu hintertreiben.[64]) Der Plan der bündischen Diplomaten gelang. Bei 30000 Bauern — so sehr war der baltringer Haufen gewachsen, ohne daß wir genauer seine damalige geographische Ausdehnung angeben könnten — standen am 26. Febr. in Wehr und Waffen auf dem Riede. Zu Laupheim kam es zwischen der oftgenannten Commission und dem Bauernausschusse zu einer denkwürdigen Verhandlung, die für den Verlauf der Volkserhebung entscheidend wurde.[65]) Im Namen des Bundes schlug die Gesandtschaft dem Ausschusse vor, über die am 16. Febr. eingereichten Artikel den Rechtsweg zu betreten, und zwar vor dem Kammergerichte. Selbstverständlich wies Ulrich Schmid diesen Vorschlag, welcher das göttliche Recht verneinte, ab, verlangte vielmehr, anstatt sich in eine Erörterung der einzelnen Beschwerden einzulassen, vor aller Verhandlung die principielle Anerkennung des göttlichen Rechts als der alleinigen Grundlage, auf der eine Verständigung über die einzelnen Artikel zulässig und möglich sei. Das göttliche Recht aber sei einzig und allein in der hl. Schrift niedergelegt, und zu einer Aussprache seien allein fromme und gelehrte Männer berechtigt, welche dasselbe nach Laut der hl. Schrift entscheiden und verordnen sollten.

So stellte Ulrich Schmid offen und klar sein Princip hin. Es wäre Pflicht der bündischen Gesandtschaft gewesen, sofort solche Forderungen, welche eine principielle Umänderung des Lebens mit Nothwendigkeit herbeiführen mußten, zurückzuweisen, und wenn die Bauern das göttliche Recht trotzdem nicht aufgaben, die Unterhandlungen abzubrechen; allein das geschah nicht. Es ist, mag die augenblickliche Lage des schwäbischen Bundes noch so schwierig gewesen sein, ein trauriges Zeugniß, wie sehr den Bundesräthen das Rechtsgefühl mangelte, daß sie jetzt, nur um die Bauern hinzuhalten, wenigstens indirekt, beren Princip zugaben. Die Commission willigte nämlich auf Schmids Vorschlag ein, daß dieser eine dreiwöchentliche Frist erhalte, innerhalb deren er die Priester aller Kirchen ermahnen sollte, gemeine Gebete abzuhalten, damit Gott jene frommen und gelehrten Männer anzeigen wolle, die nach Laut der göttlichen Schrift über das göttliche Recht urtheilen und entscheiden sollten.⁶⁶)

Mit der Aufstellung solcher Forderungen hatte der Baltringer Haufen aufgehört, ein Bund zur Abwälzung irgend welcher Beschwerden zu sein. Er kann vom 26. Febr. an nur mehr mit dem Prädikate evangelisch bezeichnet werden. Darum verband sich derselbe auch sofort offen mit jenem Manne und jener Gemeinde, welche zuerst in Oberschwaben das evangelische Wesen zum Siege gebracht hatten: mit Schappeler und Memmingen. Es fehlt nicht an Spuren, welche darauf hindeuten, daß diese evangelische Bewegung gerade von Memmingen aus unter das Landvolk gebracht wurde und daß von hier aus dem Baltringer Haufen die scharfe und klare Aufstellung des evangelischen Princips vorgesprochen worden. Man denke nur an die rother Eingabe vom 14. Febr., die geradezu die hochgelehrten Herren in den Städten als jene nennt, welche den Bauern lehrten, wie sehr ihre Lage dem Evangelium widerstreite, daß Schappeler nicht nur zu Memmingen, sondern auch in Kaufbeuren auftrat, daß er eines ungemeinen Zulaufes von Seiten des Volkes sich erfreute, daß seine Schüler zu Biberach den Bauern am Schrannentage (Mittwoch) Nachmittags besonders das Evangelium predigten.⁶⁷) Noch mehr spricht für den Einfluß Memmingens und Schappelers auf den baltringer Haufen das gleichzeitige Vorgehen der memminger Bauerschaft. Am 24. Febr. stellte diese ebenso klar, wie am 26. Febr. es Schmid that, das Princip des göttlichen Rechts auf. Nirgends begegnen wir im Februar unter den Bauern in Oberschwaben einem gleichen Vorgange, selbst die Allgäuer sind sich zu Oberdorf der Art und Weise, wie das göttliche Recht zu finden sei, nicht bewußt; das Auftreten der memminger und baltringer Bauern ist nur unter sich zu vergleichen, man wird darum kaum umhin können, einen innern Zusammenhang, eine beiden Ereignissen gemeinsame Triebkraft anzunehmen, wenn es uns auch leider nicht gestattet ist, darüber bei dem gänzlichen Mangel an Nachrichten Gewißheit zu erlangen.

Kaum hatte die bündische Gesandtschaft Schmids Vorschlag angenommen, als dieser nach Memmingen eilte, guter Hoffnung, er würde da Personen finden, „die ihm in seinem Vornehmen behilflich und berathen sein möchten und Kenntnisse hätten von den Gelehrtesten deutscher Nation, welchen die Sache nach Vermögen des göttlichen Worts auszusprechen sollte anheimgestellt werden, all die in eine Summe und Ordnung zu stellen sammt andern Artikeln, so der Herrschaft vorzuhalten nothwendig bedünken würde." Schmid erreichte seinen Zweck. Als ein Schriftgelehrter, welcher in solchen Dingen bewandert wäre, wurde ihm Sebastian Lotzer, Schappelers treuester Schüler, vorgeschlagen. Lotzer ging auch auf die Absichten Schmids ein und widmete von nun an den Baltringern als ihr Feldschreiber seine Dienste. Kaum zweifelhaft dürfte es sein, daß Lotzer von Schappeler zu diesem Posten bestimmt wurde, da dieser eifrige und redegewandte Kürschner am besten das Evangelium unter den Bauern in unbestrittener Herrschaft erhalten konnte. Daß Schappeler aber hinter ihm stand, daß Schappelers Ideen das Volk bewegten und leiteten, das bezeugt der schwäbische Bundesrath. Am 11. März bezichtigte ihn dieser als den Aufwiegler und Verführer des Volks.

Mit der Bestallung Lotzers als Feldschreiber schlug die Entwicklung des Aufstandes in evangelischem Sinne einen raschen Gang ein. Es dürfte darum hier am Platze sein, die Ansichten Lotzers, soweit wir sie kennen, darzulegen.

Sebastian Lotzer[68]) stammte aus Horb am Neckar, von wo er seines Zeichens ein Kürschner, nach Memmingen übersiedelte. 1523 ist er hier bereits als Bürger ansässig. Frühe schon schloß er sich der neuen Lehre an und fühlte sich, von deren Wahrheit völlig durchdrungen, berufen, für dieselbe Propaganda zu machen. Von 1523 an verfaßte er eine Reihe Flugschriften, welche alle den Zweck verfolgen, die neue Lehre und deren Apostel Schappeler zu vertheidigen und zu verherrlichen.

Geleitet von Schappeler und Zwingli, dessen Werke er eifrig studierte, hatte er einen demokratischen Kirchenbegriff gewonnen. Ihm ist die Kirche nämlich die Gesammtheit der Gläubigen, denen ein gemeinsames Priesterthum zukommt. Darum ist auch der Laie berechtigt, über das Evangelium zu reden, zu lehren und zu schreiben. Hiezu gibt ihm Gott eine besondere Gnade und Erleuchtung. Wenn der gläubige Christ ihn demüthig um dieselbe bittet, so kann er in einer Stunde mehr lernen, denn in 50 Jahren auf der hohen Schule. Aus seiner zwinglischen Kirchenauffassung folgert Lotzer consequent, daß die Gemeinde auch in kirchlichen Dingen die höchstentscheidende Macht sei, darum nennt er mit Vorliebe die Prediger Bischöfe und lehrt, streitige

Punkte müßten durch öffentliche Disputationen erörtert werden. In innerm Zusammenhange mit diesen Ansichten steht Lotzers Lehre vom Gehorsam gegen die weltliche Obrigkeit. Diese kann nur dann Gehorsam fordern, wenn sie will: „was göttlich und recht ist", sonst gilt der Satz: „man muß Gott mehr gehorchen als den Menschen." Darum fand er es ganz gerechtfertigt, daß die memminger Gemeinde dem Rathe offen widerstand, als dieser 1524 die evangelische Bewegung hemmen wollte. Wenn die weltliche oder geistliche Obrigkeit, hatte Lotzer schon 1523 gelehrt, das Gotteswort hindert, so darf man ihr nicht gehorchen, selbst wenn man alles verlöre: eine Lehre, die gefährlich werden konnte, da Lotzer nicht ermangelte, wie Schappeler selbst, wenn auch nur principiell gegen den Reichthum loszuziehen und den apostolischen Communismus zu befürworten.

So dachte der Mann, welcher mit Schmid von nun an an der Spitze der Baltringer erschien, und bald genug traten seine Ideen in der Verfassung des Bundes gestaltend hervor. Ein folgenschwerer Gedanke sollte zuerst ins Leben gesetzt werden. Bis jetzt waren die Allgäuer, Bodenseer und Baltringer getrennt, das sollte anders werden. Bei allen drei Haufen war das göttliche Recht das knüpfende Band, von Memmingen aus arbeitete Schmid, dieses Band fester zu ziehen und die drei Haufen zum Schutz und Schirm des Evangeliums enge zu vereinigen.⁶⁹) An alle drei Haufen ergieng darum die Einladung, zu diesem Behufe ihre Hauptleute auf den 7. März gen Memmingen zu senden, also in die Stadt, wo das Evangelium bereits den Sieg errungen und das Haupt der oberschwäbischen Reformation in unausgesetzter Thätigkeit war, der Sache des Evangeliums neue Anhänger zu gewinnen. Daß es auch bei dem schmidischen Antrage betheiligt war, das wird sein Benehmen auf dem Bauernparlamente zeigen. Alle Haufen von der Donau bis zum Bodensee, von der Riß und Schussen bis zum Lech folgten der Einladung, es schien, als ob zu Memmingen ein neues Reich des Evangeliums sich gründen wolle.

II.

Die Gründung der christlichen Vereinigung der Allgäuer, Bodenseer und Baltringer.

Am 6. März fanden sich die Abgeordneten der drei Haufen in Memmingen ein. Die Versammlung, auf der Krämerzunftstube¹) tagend, muß einen merkwürdigen Anblick geboten haben. Hier Lotzer mit den Baltringern, bestrebt vor allem das Prinzip des Evangeliums durchzusetzen, dort die Seebauern, allem theoretischen Beginnen abgeneigt und voll Streitlust, in der Mitte die Allgäuer, bemüht noch immer auf dem Wege des Rechtes, wenn auch des göttlichen, mit den Herrn eine Aussöhnung herbeizuführen, ohne principiellen Erörterungen hold zu sein. Durch die Veröffentlichung von Keßlers Sabbata ist es nunmehr gestattet, einen Einblick in den Gang des ersten Bauernparlamentes zu gewinnen. An Keßlers Hand, der gerade über jene Märztage durch Lotzer selbst unterrichtet wurde, will ich es versuchen, die Thätigkeit und Bedeutung jener Versammlung zu schildern. Zwei Aufgaben lagen vor ihr: Feststellung des göttlichen Rechts, verbunden mit der Bezeichnung jener frommen und gelehrten Männer, welche geleitet von der hl. Schrift über dasselbe entscheiden sollten, sodann die Gründung des Bauernbundes. Selbstverständlich bildete diese zweite Aufgabe die erste Arbeit der Versammlung. Das Resultat derselben liegt vor uns in zwei Verfassungsurkunden, die selbst als den Tag ihrer Entstehung den 6. und 7. März angeben.

Betrachten wir den Inhalt der vom 6. März datirten Urkunde,²) so erkennen wir alsbald, daß derselbe in wesentlichen Stücken mit dem der allgäuer Artikel übereinstimmt. Der Bund, welchen diese Urkunde

beschreibt, ist wie die allgäuer Vereinigung kein Offensivbündniß gegen
die Obrigkeiten, sondern nur eine Schöpfung zur Mehrung und Erbau=
ung brüderlicher Liebe, Niemanden zu Verdruß oder Nachtheil. Da=
rum befiehlt derselbe Gehorsam gegen die Obern und Erhaltung des
Landfriedens, indem er anordnet, daß Recht und Gericht unverkürzt
ihren Fortgang haben, und die Bundesglieder verpflichtet, jedem, der
einem Mitverwandten ein Gut entwendet, gemeinsam nachzujagen,
selbst wenn dazu der Landsturm aufgeboten werden sollte. Der Zweck
des neuen Bundes ist ebenso, wie der des allgäuer Bündnisses: der
Beistand der göttlichen Gerechtigkeit, die Erhöhung des Evangeliums
und der göttlichen Wahrheit. Ist somit die Grundlage beider Bünd=
nisse die gleiche, so geht aber der neue Bund dennoch weit über die
Organisation der allgäuer Vereinigung hinaus. Eine Reihe von An=
ordnungen finden wir in seiner Verfassungsurkunde, welche zeigen, wie
sehr die Idee eines Bauernbundes seit dem 26. Febr. sich vertieft hat und
wie sehr die Urheber des neuen Bundes sich bemühten, die Kraft des=
selben einerseits zu sammeln und allen Mitgliedern zur Verfügung zu
stellen, andererseits aber die der Herrn zu vernichten. Dahin gehören
Bestimmungen, wie folgende: daß Niemanden der Rechtsweg verwehrt
werden darf, daß Niemand, außer er sei eines schweren Verbrechens
angeklagt, geblöckt oder gethürmt werden solle, daß jeden, welcher vor
seinen Amtmann geladen werde, zwei oder drei Bundesverwandte be=
gleiten müssen, auf daß jener nicht wider Recht seiner Freiheit beraubt
werden könne, daß man einen jeden bei seiner Kleidung und Sprache
belasse. Wichtiger noch sind folgende Artikel: Herrendiener müssen
ihren Eid aufsagen und der Vereinigung beitreten, oder das Land mit
Weib und Kindern räumen. Handwerksleute und Kriegsknechte, die
außer Landes gehen, dürfen sich zu Nichts gegen die Vereinigung ver=
pflichten lassen, vielmehr müssen sie jede Widerwärtigkeit, die ihr droht,
derselben anzeigen und sobald es nöthig wird, heimeilen und ihr Va=
terland retten helfen.

 Eine andere Reihe von Bestimmungen ordnet die Organisation
der Vereinigung. Aus deren Zweck ergab sich consequent, daß dieselbe
nicht nur über das flache Land, sondern auch über die Städte ausgedehnt
werden müsse; das göttliche Recht und Evangelium ist zu allen gemein=
sam. Darum verfügte die Verfassung, daß alle Städte, Flecken und
Landschaften, welche der Vereinigung beitreten, darüber Brief und
Siegel geben müßten. Der Zweck des Bundes bedingte endlich auch
eine ununterbrochene Dauer seines Bestandes. Darum steht die Ver=

faſſung der Vereinigung auf einem andern Standpunkte in Betreff der Selbſtändigkeit ihrer Glieder als der allgäuer Bund. Hatte letzterer die Gemeinde völlig freigelaſſen, ſo vernichtete erſtere deren Unabhängigkeit. Ohne Einwilligung des geſammten Bundes darf keine Gemeinde ſich fortan mit ihrem Herrn vertragen, und ſelbſt wenn dieſes geſchehen würde, hat keine Gemeinde fortan das Recht, aus dem Bunde auszuſcheiden. Auch nach anderer Seite hin tritt die Gemeinde im neuen Bunde zurück. An die Spitze eines jeden der drei Haufen tritt nach der Urkunde vom 6. März ein Obriſt mit je vier Räthen, und auf dieſe Ausſchüſſe geht, angeblich um den Gemeinden Unkoſten zu erſparen, in jedem Haufen alle Gewalt über, und wie dieſe Ausſchüſſe völlig unabhängig ſchalten und walten, — von einer Verantwortlichkeit derſelben iſt keine Rede, — ebenſo regieren ſie zuſammen die chriſtliche Vereinigung. Alſo nicht mehr, wie im allgäuer Bunde, bilden die Gemeinden die Glieder der Vereinigung, dieſe beſteht vielmehr aus den drei Haufen, denen gegenüber die Gemeinden ſozuſagen nur noch Verwaltungsbezirke ſind. Daß aber auch die Haufen keineswegs die Selbſtändigkeit der Gemeinden im neuen Bunde zu beanſpruchen haben, welche dieſe in der allgäuer Vereinigung beſaßen, geht daraus hervor, daß für den Geſammtbund ein Steuerrecht in Anſpruch genommen wird. Nicht nach Matrikeln etwa ſoll mit Hilfe der Haufen eine Abgabe zur Beſtreitung der Bundesbedürfniſſe erhoben werden, ſondern der Bund erhebt zu dieſem Behufe direkt von jeder Herbſtätte zwei Kreuzer.

Die neue Vereinigung iſt alſo ein einheitlicher Bund unter gemeinſamer Leitung der drei vereinigten Ausſchüſſe mit gemeinſamem Steuerrechte zur Erreichung eines gemeinſamen Zieles. Darum ſtellte ſchon die Verfaſſungsurkunde eine Beſtimmung auf, welche recht klar die Unfreiheit der Gemeinden und der Haufen, ſowie die Bedeutungsloſigkeit der noch beſtehenden Lokalartikelbriefe bezeugt, welche aber andererſeits in hohem Grade im Stande iſt, die Bedenken der Bundesglieder über eine ſtramme Organiſation zu beſchwichtigen, ja für dieſelbe die Glieder einzunehmen.

Bis zum Austrage der Sache nämlich verfügte die Verfaſſung für alle Glieder gleichmäßig die Suspendirung der Zehnten, Gilten und aller Laſten, gegen die auf Grund der göttlichen Gerechtigkeit proteſtirt wurde. Damit iſt auch der tiefe Unterſchied der neuen und der allgäuer Vereinigung gekennzeichnet. Letztere wollte keineswegs eine radikale Unterſuchung der bäuerlichen Verhältniſſe durch das gött-

liche Recht, sie geht nicht principiell vor, sondern begnügt sich, concrete Beschwerden an demselben zu prüfen und je nach dem Erfolge dieser Prüfung abzuwerfen oder weiter zu tragen. Die Verfassungs=
urkunde vom 6. März aber ist durchaus radikal. Ihr ist das Princip das erste, und nach diesem muß eine radikale Prüfung vorgenommen werden. Darum wartet sie nicht einmal den Ausspruch des göttlichen Rechts durch fromme und gelehrte Männer ab, sondern suspendirt so=
fort alles, was gegen ihr Princip zu verstoßen scheint. Die Allgäuer können darum noch conservativ genannt werden, die Urheber der neuen Vereinigung hingegen stehen ganz und gar auf revolutionärem Boden und zwar in dem evangelischen Sinne Schappelers und Lotzers, welche nichts anerkennen, als was im Worte Gottes begründet ist.

Dieser evangelische Sinn tritt ganz entschieden in der Bestim=
mung zu Tage, welche dem Bunde geradezu Lotzers Kirchenverfassung aufnöthigte. Wie die allgäuer Artikel, so verlangte auch die Verfassungs=
urkunde Beseitigung der Vikarier und Verkündigung des göttlichen Wor=
tes, Bekenntniß und Abstellung der bisherigen Irrlehren von Seiten der Pfarrer, wofür diesen die Pfarrgemeinde einen geziemenden Un=
terhalt geben sollte. Die Verfassungsurkunde ging aber weiter, indem sie mit Beseitigung des Bischofs und der Patronatsherren der Pfarr=
gemeinde das Recht zusprach, selbst ihren Pfarrer zu erwählen. Auch die zwinglische Synodalverfassung wollten die Urheber des Bauern=
bundes. Bei Streitigkeiten über das göttliche Wort entscheiden nämlich nach der Verfassung nicht mehr die kirchlichen Autoritäten, sondern die Synode der Priester, welche in einem solchen Falle mit ihren Bibeln zusammentreten und „in Beisein gemeiner Kriegsgenossen derselben Enden" lediglich nach Maßgabe der hl. Schrift über die streitige Frage urtheilen.

Gewiß ist der Bund, welcher sich auf Grund einer derartigen Verfassung erhebt, nur noch als evangelisch zu bezeichnen. Damit scheint auch die Frage nach dem Urheber der Verfassung beantwortet. Ausdrücklich sagt uns Keßler, daß der Bund nach dem „Anschlage" Lotzers und Schmids zu Stande gekommen sei. Man vergleiche Lotzers Auffassung mit den Bestimmungen der Verfassung über das Kirchen=
regiment und die Stellung der Obrigkeiten, und man dürfte kaum um=
hin können, mit Keßler in Lotzer den Urheber der Verfassung anzuneh=
men. Eine Mitwirkung Schappelers dürfte nach dem oben Gesagten über das Verhältniß desselben zu Lotzer nicht ganz unwahrscheinlich sein.

Die folgenden Erörterungen werden die Autorschaft Lotzers noch näher legen.

Gelang es aber, müssen wir fragen, das Bauernparlament, in dem doch Allgäuer und Bodenseer ganz andere Anschauungen vertraten, für Lotzers und Schmids „Anschläge" zu gewinnen? Schon der 6te März verneinte diese Frage. Die eben besprochene Verfassung konnte sich der Zustimmung der Bauernhauptleute nicht erfreuen; sie war und blieb ein Entwurf, der in wesentlichen Punkten von seinen Urhebern, um durchzubringen, verändert werden mußte. Cornelius hat dieß vermuthet, und seine Vermuthung wird durch Keßler zur Gewißheit erhoben. Wie dieser berichtet, kam es am 6. März zu stürmischen Auftritten.[3] Hartnäckig verweigerten die Allgäuer und Seebauern, dem Anschlage Lotzers und Schmids beizutreten. Die evangelische Parthei vermochte ihren Widerstand nicht zu brechen; selbst als Schappeler, der durch sein Auftreten in der letzten Stunde verrieth, wie sehr er an dem vorgelegten Programme betheiligt sei, für dasselbe einstand, ließen die Gegner sich nicht überzeugen. Stimmen erhoben sich vielmehr unter den Allgäuern und Seebauern, statt lange mit den Herren zu verhandeln, einfach ihre Sache auf die Spitze des Schwertes zu stellen. In hellem Zwiespalt ging die Versammlung Abends 5 Uhr auseinander. Schon glaubten die Baltringer, die Allgäuer und Seebauern hätten für immer Abschied genommen, als unter diesen eine Sinnesänderung zum Siege gelangte. Noch denselben Abend erklärten sie mit den Baltringern nach deren Anschlag ein Bündniß einzugehen. Keßler verschweigt, auf welche Weise ihr Widerstand gebrochen wurde, aber eine Vergleichung des Entwurfes vom 6. März mit der wirklich angenommenen Verfassung vom 7. d. M. dürfte das auffällige Ereigniß aufklären. Abgesehen von stilistischen Verbesserungen ließ letztere mehrere Bestimmungen des Entwurfes fallen, und zwar gerade die, welche die Verfassungsform und den evangelischen Charakter des Bundes betrafen. So fiel das Steuerrecht des Bundes, der Artikel, daß alle Beitretenden über ihren Anschluß Brief und Siegel geben sollten, die Bestimmungen über die Gewalt der Obristen und die Kirchenverfassung erlitten bedeutende Umänderungen. Das dürfte klares Licht auf die Vorgänge des 6ten März werfen. Es gelang nicht, die Allgäuer und Seebauern zur Annahme der Synodalverfassung zu bewegen, nicht, sie auf den evangelischen Standpunkt der Baltringer hinüberzuführen, aus dem einfachen Grunde, weil sie nicht evangelisch waren. Es gelang ferner nicht, sie zum Beitritte in einen einheitlich organisirten Bund zu bringen, dessen

Zweck eben nicht lediglich Schutz gegen Vergewaltigung, sondern der Sieg des Evangelinms war. Die Allgäuer wollten ja ernstlich eine Aussöhnung mit ihren Herrn dadurch, daß ihre Beschwerden nach dem göttlichen Rechte beurtheilt werden, hatten sie aber den baltringer Anschlag angenommen, so wäre diese Absicht naturgemäß vereitelt worden. Die Seebauern vollends mußten denselben zurückweisen, weil sie ihre Freiheit durch ihre kriegerische Kraft, nicht durch Annahme des baltringer Programms vertheidigen wollten, das möglicher Weise ihren Forderungen unbequem werden konnte. Allgäuer und Seebauern mußten ihre Interessen durch den Anschluß an einen evangelischen, strengorganisirten Bund gefährdet glauben, sie wollten nur einen Bund, welcher den Haufen möglichste Freiheit in Verfolgung ihrer Sonderzwecke ließ, und nur soviel Centralisation, als für Erreichung ihrer Sonderzwecke nöthig und nützlich schien. Die Baltringerführer mußten sich darum überzeugen, daß sie bei den particularistischen Bestrebungen der Gegner mit ihrer evangelischen Ansicht nicht durchbringen konnten, es galt also, da bei einem Angriffe des schwäbischen Bundes der Beistand der kriegerischen Oberländer ihnen sehr zu Statten kommen mußte, dem Bunde eine solche Form zu geben, daß jene beitreten konnten, und daß zugleich die Grundlage gewahrt bleibe, auf der sich in einer spätern Zeit der Bund evangelisch gestalten ließ. So dürfte denn der Grund der plötzlichen Sinnesänderung der Allgäuer und Bodenseer in der Nachgiebigkeit der Baltringer zu suchen sein, welche vorläufig auf die Durchführung ihrer letzten Absichten verzichteten, ohne diese aber für immer aufzugeben. Es galt darum eine Fassung der bedenklichen Artikel zu finden, welche allen Partheien gleich zusagte. Nur durch einen Compromiß konnte dies stattfinden. Deutlich zeigt die Verfassung vom 7. März in der That einen Compromißcharakter. Die Baltringer ließen die Artikel, welche die Einheit des Bundes bezweckten, fallen: das Steuerrecht und den verbrieften Eintritt. Die Obersten und Räthe behielten die höchste Gewalt in den drei Haufen, aber nicht in der unbeschränkten Weise, wie der Entwurf sie ihnen zusprach, denn die Haufen verzichteten keineswegs auf ihr Recht, in allgemeinen Versammlungen selbst einzugreifen. Nur darum gab jenen die Verfassung das Recht „zu handeln, wie sich gebührt", damit „die Gemeinde nicht allwegen zusammen müsse." Das göttliche Recht blieb selbstverständlich der Inhalt des Bundes, daß es aber im Sinne der Baltringer aufzufassen sei, besagt die Verfassung nicht. Diese kennt keine Synodalverfassung, kein Recht der Pfarrerwahl. An die Stelle dieser klaren, principiellen Artikel trat der entsprechende allgäuer Artikel vom 26. Febr., aber noch bedeutend gemäßigt. Es wird jetzt von den Pfarrern nicht mehr verlangt, daß sie ihren „Irrsal" abstellen, sondern nur noch, daß sie das Evangelium verkünden, wofür ihnen der nöthige Unterhalt garantirt wird. Also gerade der Punkt, auf den alles ankam, ist wie geflissentlich unberührt geblieben: wem das Recht zustehe, den Pfarrer zu beurlauben und zu wählen. Diese unbestimmte Fassung konnte die evangelische sowohl, als die gemäßigte allgäuer Parthei befriedigen, weil sie über den Streitpunkt nichts entschied, endlich aber auch die, welche selbst vom göttlichen Rechte nichts wissen wollten, da sie die bisherige Lehre der Pfarrer nicht mehr als Irrsal verurtheilte. Einzig und allein die kriegslustige Parthei mußte ihre Ansichten aufgeben, wenn sie in den Bund eintrat, da dieser in seiner jetzigen Verfassung von einem Angriffe auf die Herren absah. Ihr zu Liebe dürfte ein Artikel in die Verfassung eingeschoben worden sein, der schlechterdings mit deren Zweck und Friedensabsichten disharmonirt. Schlösser und Klöster sollten nämlich nur mit Gliedern des Bundes besetzt werden und zwar auf Kosten der Herren. Vergleicht man damit das Streben der Seebauern, Städte und Klöster in ihren Bund zu zwingen, so dürfte die Ansicht nicht ganz unwahrscheinlich sein, daß der Schlösserartikel, der eigentlich die Meinung der Seebauern, nur verblümt, wiedergibt, der Kaufpreis war, um den die Bodenseer in den neuen Bund eintraten.

Man kann nicht umhin, in dieser Compromißverfassung eine Niederlage der evangelischen Parthei anzuerkennen. Anstatt einer festen christlichen (d. h. evangelischen) Vereinigung war nur ein loser Verband dreier unabhängiger Landschaften entstanden, die thatsächlich auf verschiedenem Boden standen. Dennoch ist der 7. März für die Volkserhebung von der größten Bedeutung, nicht so fast darum, weil die Bauern sich verbunden hatten, als weil unter den verhüllenden Compromißbestimmungen die Ideen der evangelischen Parthei nur bedeckt, nicht aber beseitigt waren. Mit siegreicher Kraft traten dieselben nach kaum einer Woche hervor, weil Lotzer und seine Gefährten in allen Theilen des Bundes an den Prädikanten und neugläubigen Laien eine gewaltige Hi'fsmannschaft hatten, die nicht ruhten, als bis das Prinzip des göttlichen Rechtes sich zu seinen vollen Consequenzen ausgebildet hatte[*]). Die gemäßigte Richtung mußte aber trotz ihres Sieges vom 7. März schon wegen der „Bundesordnung" selbst der radikalen unterliegen. In der Verfassung standen ja noch die Vertheidigungsbestimmungen des Entwurfs (verschärft durch den Schlösserartikel), die ausgeführt die Herren einfach entwaffneten. Ein energischer Widerstand war darum von diesen zu erwarten, und dieser mußte die Vereinigung immer mehr zur Betonung ihres Princips und dadurch zur Annahme des loßerischen Programms treiben. Wie es unter den Allgäuern ergangen, mußte es auch hier gehen. Die Unklarheit und der Widerspruch der conservativen Friedensversicherungen der Bundesordnung mit den radikalen Artikeln derselben führte, wie es zu allen Zeiten geschah, das radikale Element zum Siege über die gemäßigte Parthei.

Am 7. März glaubte die neuentstandene Vereinigung einen defensiven Charakter (troß der oben erwähnten, dem widersprechenden Artikel) zu besißen. Es blieb daher der Versammlung noch die Aufgabe zu lösen, die Vertheidigungskräfte des Bundes zu ordnen. Die Thätigkeit derselben in dieser Richtung lernen wir aus einem zweiten Aktenstücke kennen, das sich Landesordnung nennt. Es hat durchweg den Charakter der Bundesordnung, der gegenüber es nur als ergänzender Anhang erscheinen dürfte. Diese Landesordnung ist nur in einem Exemplare erhalten,[5] das in zwei Theile zerfällt, von denen der erstere nicht das Werk einer officiellen Versammlung, sondern nur die Privatarbeit des Abschreibers sein kann. Daß dieser erste Theil, welcher den Titel führt: „Hernach volgen die rät und gesanten von den dreien huffen Algöw, Baltringen und Bodensee," keinen officiellen Ursprung habe, zu dieser Behauptung führten mich folgende Gründe.

1) Das Verzeichniß kennt mehrere Haufen nicht, welche schon zu Anfang März bestanden, z. B. den großen sonthofer, den thingauer (den Furter p. 5. am 1. März nennt), den truchsessischen unter Pfarrer Florian, welcher denn doch in einer officiellen Liste nicht übergangen worden wäre. 2) Die Liste weiß von mehrern Haufen zu wenig oder gar keine Räthe anzugeben, das wäre aber unbegreiflich, wenn sie officiell wäre. 3) Sie kennt auffälligster Weise die bedeutendsten Hauptleute gar nicht, z. B. den Knopf, Walter Bach, Bertlin von Nesselwang, Täuber von Lauben, Peter Miller von Sonthofen, Werz von Wertach, den Säckelmeister Mehelin, Batholome Fry von Leupolz, den Feldschreiber Loßer, den allgäuer Bundesschreiber Miller von Hohenegg, oder sie setzt falsche Namen an die Stelle der Bauernräthe, die als solche seit Anfang März aus Quellen bekannt werden; z. B. die Liste nennt als Hauptmann des tettnanger Haufens einen Caspar Ferber, aus dem altdorfer Rathsprotokoll ergibt sich aber, daß schon am 5.

März Rudolf Scherer diese Würde besaß, welcher noch am 20. März als Hauptmann genannt wird. Als Räthe des altdorfer Haufens nennt das altdorfer Raths-Protocoll vom 6. März (übereinstimmend mit einem vom 9. b. M. datirten Briefe des Abts Gerwig) Melcher Katzenmair von Staig, Seltenreich von Enzisreute, Stephan Ral von Herbisreute. Alle drei suchen wir vergeblich in unserer Liste, und doch ist gerade Ral so bekannt geworden, daß nach ihm bis zur Stunde Herbisreute Rahlen heißt. (Beschreibung des O. A. Ravensburg, Art. Rahlen.) 4) Die Liste stimmt gar nicht überein mit dem authentischen Verzeichnisse der Bauernräthe in der weingartner Vertragsurkunde. Muß auch zugegeben werden, daß bis zum 20. Apr. mancher Wechsel unter denselben stattgefunden, so kann doch der Wechsel nicht so groß gewesen sein, daß bei sehr vielen Haufen auch nicht ein Rath seine Stelle hätte behaupten können.

Diese Gründe führten mich zu der Behauptung, daß die eben besprochene Liste lediglich die Privatarbeit des Abschreibers der Landesordnung sei. Daß auch dieser die Liste der Bauernräthe nicht zur Landesordnung zählte, ergibt sich daraus, daß er ersterer einen eigenen Titel gab und erst dann mit ausdrücklicher Nennung dieses Namens die Landesordnung. Der Abschreiber scheint, weil er die baltringer Räthe und Haufen noch am besten kennt, diesen anzugehören, was dahingestellt bleiben mag.

Die Landesordnung trägt kein Datum, nichtsdestoweniger scheint die Annahme berechtigt, daß sie am 7. Mz. entstanden sei. Wäre sie später entstanden, so hätte dieses nur in einer allgemeinen Versammlung der Bauernräthe sein können. Es ist dieses aber darum nicht denkbar, weil nach der Bundesordnung die Verfassung der Vereinigung einen Obristen an die Spitze eines Haufens stellt, die Landesordnung jedoch noch keinen Obristen des Seehaufens kennt. Da es nun sehr unwahrscheinlich ist, daß der Seehaufen auch auf einer zweiten Versammlung ohne das verfassungsmäßige Oberhaupt erschienen sei, so dürfte es unerläßlich sein, die Entstehung der Landesordnung auf den 7. März zu setzen.

Die Landesordnung zerfällt in zwei Abschnitte: in eine Ergänzung der Bundesverfassung und in eine Kriegsordnung. Wie schon die Bundesordnung bestimmte, ist jeder der drei Haufen von den andern unabhängig; an der Spitze eines jeden Haufens (von der Landesordnung Theil oder Quartier genannt) steht der Obriste. Die drei Obristen zusammen bilden die höchste Behörde der Vereinigung. Unter ihnen stehen die „Obern", welche verbunden mit einem Rathe von je vier Mitgliedern die einzelnen Haufen (Gemeinden) befehligen. Der gemeine Haufen ist bei christlicher Treue zu strengem Gehorsame gegen die Obern und Obersten verpflichtet. Diese magern Bestimmungen sind alles, was über die Bundesverfassung festgestellt wurde. Nichts wurde über die Wahl, die Competenz der Hauptleute und Räthe, über die Vollmacht und Dauer der aus diesen bestehenden Versammlungen bestimmt, die doch als höchste Behörde regelmäßig in Memmingen tagten. Es scheint, als ob die Verfassung den Obersten und Ausschüssen nur die leitenden Gesichtspunkte angeben und alles Einzelne diesen zuweisen wollte.

Auch anderweitige Nachrichten erlauben nicht, über die Bundesverfassung [6]) die wünschenswerthe Klarheit zu gewinnen. Soviel nur ist ersichtlich, daß die drei Quartiere aus den einzelnen Haufen sich zusammensetzten, welche aus dem Zusammentritte der Nachbargemeinden entstanden. Wir erfahren aber nirgends, welche Gesichtspunkte bei der Bildung dieser Haufen beobachtet wurden, wie man vermied, daß ein Haufen zu groß, ein anderer zu klein wurde; wir wissen nicht, wie sich die drei Quartiere abgrenzten, nach welchen Bestimmungen die Haufen sich einem derselben unterordneten. Im allgemeinen scheint jeder Haufen volle Freiheit gehabt zu haben, sich da anzuschließen, wo es ihm gefiel. Wenigstens traten die irrseer Bauern in Berathung, ob sie zu dem günzburger oder thingauer Haufen ziehen sollten. Es wäre eine vergebliche Mühe, die einzelnen Haufen aufzuzählen, da diese sich öfters umgestalteten oder theilten. So bildeten Anfangs März die Landvogteibauern einen Haufen, im April aber finden wir sie unter den altdorfer Haufen und den im altdorfer Feld zertheilt [7]). Daß die Hauptleute und Räthe gewählt wurden, unterliegt keinem Zweifel, aber wie und auf welche Zeitdauer, wissen wir nicht, ebensowenig ob die Obersten von ihren Quartieren oder den Obern oder der memminger Versammlung gewählt wurden. Weil aber unter den Obern zuweilen neue Namen auftauchen, so scheinen öfters Neuwahlen stattgefunden zu haben. Ueber die Stellung der Obristen zu den Obern und Ausschüssen haben wir nicht einmal Andeutungen, auch nicht darüber, ob die Versammlung der Räthe und Hauptleute, welche die Vereinigung nach außen vertritt und nach innen die gesetzgebende Gewalt übt, den drei Haufen verantwortlich war. Gerade diese mangelhafte Ausbildung der Verfassung scheint aber die Schuld derselben Partheien zu sein, welche den evangelischen Charakter und die Centralisation des Bundes verwarfen. Nach der Landesordnung ist die Vereinigung so lose, daß sie, um mich eines modernen Ausdruckes zu bedienen, ein demokratischer Staatenbund genannt werden kann. Dessen Schattenseiten theilte sie auch in hohem Grade. Vortrefflich geeignet, die Freiheit ihrer Glieder zu entwickeln, war sie wegen ihres allzu losen Zusammenhanges nicht im Stande, den Angriff eines einigen Gegners zu ertragen. Es sollte für die Bauern verhängnißvoll werden, daß zu Memmingen der Particularismus siegte und selbst in militärischer Hinsicht eine einheitliche Oberleitung unter einem Feldhauptmanne nicht einmal, wie es scheint, angeregt wurde. Gemeinsam war nach der Landsordnung im Kriegswesen den drei Quartieren nichts, als Kriegsartikel und Feldzeichen (rothweiße Fahnen mit aufgenähtem weißrothem Andreaskreuz). Jeder Haufen bestellte sich selbständig sein Regiment und ernannte seine Provosen und Rottmeister. Auch in der Hinsicht erscheinen die Haufen gleichsam als verbündete Staaten, daß ihre bundesgemäße Hilfe vertragsweise festgestellt wurde. Während im Falle eines Angriffs der angegriffene Haufen seine gesammte Macht — die Landesordnung schrieb allgemeine Wehrpflicht der Bundesverwandten in Stadt und Land vor — aufbieten muß, sind die beiden andern nur gehalten, jenem auf die erste Mahnung den zehnten, auf die zweite den sechsten, auf die dritte den vierten Mann zu schicken. Die Mahnung muß aber, will sie Gehorsam beanspruchen, jedesmal von den Obersten ausgehen. Gerade aber als der Angriff des schwäbischen Bundes erfolgte, rächte sich der Mangel eines Feldhauptmanns und einer einheitlichen Oberbehörde. Nicht einmal diese vertragsmäßige Hilfe schickten die Bodenseer und Allgäuer den Baltringern. Die verschiedenen Richtungen innerhalb der Vereinigung konnten nie ausgemärzt werden, und als das einigende Mittel, die allgemeinen Bundesversammlungen, in Folge des Angriffes unmöglich wurde, traten jene Richtungen um so stärker hervor und hinderten alles gemeinsame Handeln.

Am Ende der ersten Parlamentssitzung[8]) beschworen die Vertreter die christliche Vereinigung. Noch kennen wir ihre Schwörartikel, die ganz im Tone der Bundesordnung gehalten sind. Die

Vertreter gelobten nämlich eiblich, zu fordern, daß das Evangelium lauter und rein, sonder menschliche Zusätze von Schriftverständigen geprebigt werbe, daß die Bundesglieder an gebührlichen Enden und Orten sich gegen jeden, der sie bisher beschwerte, göttlichen und christlichen Rechts erbieten und dabei bleiben wollen, daß ihr Bund nur gegen diejenigen gerichtet sei, welche sie von diesem Vorhaben abbringen wollen, und daß keiner im Bunde weiter gegen seine Herren, als ihn die Bundesordnung weise, sein und schwören solle.[9])

Es war dem Bunde also Ernst, friedlich zum Ziele zu gelangen, aber ebenso Ernst, selbst mit den Waffen das göttliche Recht zu vertheidigen. Ob es hiezu kommen werde, mußte die nächste Zukunft lehren. Der schwäbische Bund hatte, wie oben gesagt, am 26. Febr. den Baltringern das Princip des göttlichen Rechts, wenn auch mala fide zugegeben als Basis für weitere Unterhandlungen. Seit dem 7. März war aber der Faktor, mit dem der schwäbische Bund unterhandelt hatte, nicht mehr vorhanden; an seine Stelle war die mächtigere Vereinigung getreten. War der Bundesrath zu Ulm auch noch des Willens, dieser jenes weitgehende Zugeständniß zu machen oder auch nur sie anzuerkennen? Bevor die Vereinigung irgendwelche Forderungen demselben vorlegen konnte, mußte sie darüber im Klaren sein. Darum griff das Bauernparlament seine weitere Aufgabe noch nicht an: die Declaration des göttlichen Rechts und die Ernennung von Richtern über dasselbe, sondern meldete am 7. März vorerst die Existenz der Vereinigung dem schwäbischen Bunde in einem Schreiben, das kaum mehr als eine Copie des allgäuer Briefs an den Erzherzog Ferdinand ist[10]). Die Bauern betheuerten in demselben, ihre Vereinigung begehre nur das göttliche Recht, wolle den Herren alles leisten, wozu dieses verbinde, und bitte den schwäbischen Bund, derselben keine Ungnade zu beweisen, sondern sie bei dem göttlichen Rechte zu schirmen. Vermuthlich legte die Bauernversammlung damals auch ihre Bundesordnung in Ulm vor und erklärte, ihre Vereinigung wolle, als Rechtsnachfolgerin der Baltringer, in Bezug auf die Entscheidung der obwaltenden Streitigkeiten auf dem Standpunkte Schmids vom 26. Febr. stehen bleiben. Wir wissen wenigstens, daß ihre Boten in Ulm zu melden hatten, die Vereinigung wolle in ihrer Sache keinen Richter, sondern das göttliche Wort allein solle Richter sein[11]). Gleichzeitig zeigte die Vereinigung ihr Dasein jenen Städten an, in denen sie ihres Prinzipes wegen auf Sympathien rechnen durfte, in Augsburg, Ulm, Kempten und anbern neugläubigen Orten [12]). Am 8. März gingen die Bauernräthe nach Hause, [13]) in der Absicht, über acht Tage abermals zu Memmingen zu tagen, um an die Frage nach dem Inhalte und den Aussprechern des göttlichen Rechts heranzutreten. [14])

III.

Die Aussprache des göttlichen Rechts.

Die Gründung der christlichen Vereinigung war dem schwäbischen Bunde ein unbequemes Ereigniß. Dessen Räthe befürchteten, die Vereinigung werde sich sofort mit dem verhaßten Wirtenberger [1]) in ein Bündniß einlassen. Aber was konnten sie thun? Die Machtlosigkeit des schwäbischen Bundes zwang ihn, zum bösen Spiele gute Miene zu machen und wie mit den Baltringern so jetzt mit der Vereinigung ein leeres Unterhandlungsspiel zu treiben, bis er seine Streitkräfte an der Donau zusammenziehen konnte. [2]) Leider ist die Antwort des Bundesrathes verloren, welche er am 10. Mz. nach Memmingen sandte; sie enthielt vermuthlich einen höflichen Bescheid, ohne sich über die Verfassung der Vereinigung und das göttliche Recht in gefährliche Erörterungen einzulassen. [3]) Gleichzeitig aber traf der Bundesrath zwei Maßregeln, welche über seine wahren Absichten keinen Zweifel gestatteten. Wohl unterrichtet darüber, daß der memminger Reformatorenkreis den geistigen Mittelpunkt der Vereinigung bilde, versuchte der schwäbische Bund, diesen unschädlich zu machen. Er befahl am 11. März dem memminger Rathe, seinen Prediger Schappeler entschieden aufzufordern sich der Bauern zu entschlagen. [4]) Natürlich blieb dieser Versuch erfolglos, ebenso die zweite Maßregel des Bundes, die auf nichts geringeres abzielte, als auf die Sprengung der Vereinigung. Schon am 8. März hatte zu diesem Zwecke eine bündische Gesandtschaft (aus dem Abte Gerwig von Weingarten und den Bürgermeistern von Memmingen, Ravensburg und Gmünd bestehend) den Weg in die Seegegend eingeschlagen. Hier schien am leichtesten ein Erfolg möglich, weil ja die Seebauern von dem göttlichen Rechte am weitesten entfernt waren.

Aber dennoch sollten die Gesandten sich gründlich enttäuscht sehen. Sie fanden die Seebauern eifrig bemüht, nach ihrer Weise die Bundesordnung durchzuführen. Drohend lagen ihre Gewalthaufen vor Aulendorf, Altdorf und Weingarten: gütliche Versuche des Abts Gerwig am 9. März, sie zum Abzuge zu überreden, blieben wirkungslos. Nicht besser erging es den Bürgermeistern am 11. b. M. zu Langenargen. Alles, was sie hier von den Räthen der Rappersweiler erlangten, war das Versprechen, in acht Tagen dem schwäbischen Bunde ihre Artikel zu übermitteln und inzwischen Niemanden zu beunruhigen [5]). Was dieses Versprechen werth sei, erfuhr die Commission schon am folgenden Tage. Unter ihren Augen zwangen die Bauern Altdorf trotz der Einsprache Ravensburgs in ihr Bündniß und stellten sämmtliche Geistliche und Landvogteibeamte am 18. März getreu der Bundesordnung vor die Alternative, entweder sich ihnen anzuschließen oder das Land zu räumen. [6]) Unverrichteter Dinge kehrten die Gesandten am 13. b. M. nach Ulm zurück.

Denselben Eifer für die Vereinigung wie die Bodenseer legten die Allgäuer an den Tag. Am 9. März lagerte deren Gewalthaufen zu Oberdorf, [7]) theils um gegen Bayern zu demonstriren, vor dem Oberdorf und Schwabsoien noch immer in Furcht lebten, theils um Füssen in ihr Bündniß zu drängen.. Am 27. Februar hatte Bischof Christoph diese Stadt verlassen. [8]) Ohne Macht ihr Hilfe zu senden suchte er noch immer durch nachgiebige Unterhandlungen seine Oberländer zu beruhigen, [9]) was naturgemäß bloß Oel in das Feuer goß. Füssen sah sich am 10. März schon genöthigt, gegen den drohenden Angriff des oberdorfer Haufens die tyrolischen Pflegen Ehrenberg und Reuti um Hilfe zu bitten. [10]) Der Kemptner Fürstabt rüstete zu energischem Widerstande unbeugsamen Sinnes, flüchtete die Schätze seines Stifts nach Liebenthann und befestigte diese von Natur starke Veste noch mehr. [11]) Der Adel wurde dem Schlösserartikel gemäß im ganzen Allgäu gezwungen, seine Burgen der Vereinigung zu öffnen, wenn er seines Bleibens auf dem flachen Lande finden wollte. [12]) Am 13. März gewann die Vereinigung im Ostallgäu namhaften Zuwachs, indem jetzt die irrseer Bauern auf einer allgemeinen Versammlung zu Baisweil den Anschluß an den günzburger Haufen erklärten. [13])

Auch im Gebiete der Baltringer regte sich seit dem 7. März die Bauerschaft mit steigender Kraft. Von Wichtigkeit war hier, daß durch den Einfluß des leipheimer Pfarrers Wehe sich zu Leipheim ein neuer Herd bildete, von dem aus die Bewegung rasch über das ulmer

Gebiet und den Burgau, ja bis in das Filsthal und Ries weiter¹⁴) griff. Während dieser Ereignisse war die Zeit der zweiten Zusammenkunft herangekommen; abermals fanden sich, wie am 8. März bestimmt worden war, die Bauernräthe in Memmingen ein. Wir kennen den Tag der Versammlung nicht mehr genau. Da aber die rappersweiler Hauptleute am 11. März noch in Langenargen waren und am 12. März die Räthe und Obern des altdorfer und tettnanger Haufens persönlich die Eintrittserklärung Altdorfs in die Vereinigung entgegennahmen, ¹⁵) so kann die memminger Versammlung nicht vor dem 14. März eröffnet worden sein; ebensowenig kann dieselbe über den 17ten hinaus gedauert haben, da die Beschlüsse derselben schon am 19ten früh 6 Uhr von Ulm nach München geschickt wurden. Die Versammlung tagte also vom 14. März bis zum 16., spätestens bis zum 17. b. M.

Die Aufgabe, welche vor ihr lag, kennen wir aus dem oben berührten Versprechen der Rappersweiler (vom 11. März), dem schwäbischen Bunde bis in acht Tagen ihre Artikel zu senden. Nach der Gründung der Vereinigung, welche einen Ausgleich mit den Herren nicht mehr frei in die Gewalt der Gemeinden stellte, sondern denselben von der Genehmigung der Vereinigung abhängig machte, können diese Artikel nicht lediglich Lokalartikel der Seebauern sein, sondern nur noch Artikel der gesammten Vereinigung, welche als solche nach der Bundesordnung nichts sein können, als die Auseinandersetzung dessen, was die Vereinigung auf Grund des göttlichen Rechts forderte. Am 26. Febr. hatte Schmid eine dreiwöchentliche Frist erhalten, um die Bauernforderungen „in eine Summe und Ordnung zu stellen sammt andern Artikeln, so der Herrschaft vorzuhalten nothwendig bedünken werde" und um „gelehrte Männer mit Gottesbeistand zu finden, welche den Span nach Laut der göttlichen Schrift zu beurtheilen und zu entscheiden wüßten." Jetzt sind die drei Wochen verflossen, und die Rechtsnachfolgerin des baltringer Haufens ist bereit, dessen Wort einzulösen und dem schwäbischen Bunde den Inhalt ihrer Forderungen auf Grund des göttlichen Rechts vorzulegen. Die zweite Versammlung hat diese Aufgabe gelöst und nirgends anders dürfte die Lösung derselben zu suchen sein, als in den berühmten zwölf Artikeln.

Ich stehe mit dieser Behauptung vor einer vielbesprochenen Frage, und nur mit Bangen darf ich mich auf dieses Gebiet der verschiedensten Ansichten wagen.

Die Frage nach dem Urheber der 12 Artikel hat von ihrer Entstehungszeit an bis vor wenigen Jahren in allen möglichen Namen und Combinationen ihre Antwort gesucht, seit der Entdeckung Rohlings aber, daß die Februareingabe der memminger Bauern mit den 12 Artikeln fast identisch ist, verwandelte sie sich wesentlich in die Frage, welches von diesen beiden Aktenstücken das Original oder ob für beide ein gemeinsames Original nachzuweisen sei. Die beiden letzten Bearbeiter dieser Frage stehen sich schroff gegenüber. Cornelius behauptet die Originalität der memminger Eingabe und sucht als deren Autor, also auch mittelbar als den der zwölf Artikel Schappeler nachzuweisen. Stern hingegen ist der Ansicht, die Eingabe sei die Tochter der zwölf Artikel und der Verfasser der letztern sei der waldshuter Reformator Hubmaier. Ehe ich meine Ansicht, welche mit der von Cornelius in innerer Uebereinstimmung steht, auseinandersetzen kann, dürfte es gerathen sein, die scharfsinnigen Aufstellungen Sterns näher zu beleuchten.

Sterns Grundgedanke, der sich durch sein Buch durchzieht, ist von ihm selbst (p. 141) ausgesprochen: „Die zwölf Artikel sind nicht für eine einzelne Bauerschaft, nicht für einen bestimmten Bauernbund gemacht, in ihnen spricht sich der deutlich erkannte Zweck aus, als allgemeines Programm aller Aufständischen zu dienen, als Schema für die Forderungen aller Bauern." Er sucht darum gegen Cornelius den Nachweis beizubringen, die zwölf seien am allerwenigsten das Programm der oberschwäbischen Bauernvereinigung (134—38). Ihr Verfasser habe sie vielmehr planmäßig mit der bestimmten Absicht zusammengestellt, um den möglichst allgemeinen Ausbruch des Aufstandes zu veranlassen, um Einheit und mit der Einheit Macht in die noch ungeordnete Menge zu bringen. Als den Mann, welcher diesen Gedanken auszuführen unternahm, nennt Stern Hubmaier. „In diesem Sinne", sagt er (141), „und in klarem Bewußtsein seines Handelns hat sie Hubmaier im Anschlusse an die ihm bekannten Forderungen der umwohnenden Bauern, aber mit schöpferischem Geiste in jene glückliche Form gegossen, die sie allen Aufrührern empfahl." Stern sucht (57—110) die Richtigkeit seiner Behauptung darzuthun. Ausgehend von einer Angabe Fabers (welcher im Dez. 1525 in officieller Eigenschaft Hubmaiers Papiere zu Waldshut untersuchte), Hubmaier habe „sondere Bauernartikel, die in dem Druck ausgangen, gemacht, aus denen der jämmerliche Aufruhr entstanden," erblickt er (89) in diesen Artikeln die berühmten zwölf und trägt alles zusammen, was für ihn und Faber sprechen kann. Er erörtert, wie durch Münzer Hubmaier angetrieben wurde, die reformatorischen Ideen (111-14, 146) auf das politische Gebiet zu übertragen, er setzt aus einander, daß Hubmaier schon 1524 in dieser Weise thätig war (69 ff.), daß bereits am 24. Aug. 1524 sein Einfluß auf die Stühlinger wahrscheinlich, daß seine Verbindung mit den Klettgauern bestimmt seit 30. Jan. 1525 bestehe (71), daß man in ihm einen einflußreichen Bauernrath annehmen müsse (88). Stern erörtert Hubmaiers politische Ansichten im Herbste 1524, verfolgt deren Entwicklung und versucht zu beweisen, daß das Eigenartige der 12 Artikel schon 1524 in seinen Lehren sich finde (70, 106 ff.), und will so darthun, daß Hubmaier ihr Verfasser sei, in der Art, daß er sie so, wie sie ihm von den Bauern zu Ohren gekommen waren, als Summe der Beschwerden aller Bauernschaft aufgesetzt, ohne damit seine individuelle Ansicht an die Stelle der allgemeinen Wünsche gesetzt zu haben (92—99). Diese Annahme nöthigt Stern zu dem Versuche eines Beweises, daß zuerst unter allen Bauern die um Waldshut in evangelischem Sinne das göttliche Recht verstanden und zuerst Forderungen aufstellten, deren Form sogar mit den 12 Artikeln übereinstimme (100—110). Auch gleichzeitige Berichte sucht er zu Gunsten der Autorschaft Hubmaiers zu verwerthen (96—97). Ebenso bestrebt er sich, die Schwierigkeiten zu beseitigen, daß die zwölf ferne von Waldshut in Oberschwaben auftauchen, indem er Hubmaier dieselben im Einverständnisse mit dem Manne von Twiel verfassen läßt, welcher seinen Einfall in Wirtenberg durch einen möglichst allgemeinen Ausbruch des Bauernaufstandes maskiren, vor allem die oberschwäbischen Gaue auf seinen Hauptfeind Bayern hetzen und die bayerischen Bauerschaften selbst zum Abfalle reizen wollte. Zu diesem Zwecke habe sich Ulrich der 12 Artikel, welche Hubmaier vermuthlich im Winter 1524 auf 1525 verfaßt, als eines Hauptmittels bedient und diese durch seinen Kanzler Fuchssteiner in das Allgäu gebracht, ein Ereigniß, das wohl nach der Zusammenkunft des Herzogs mit Hans Müller von Bulgenbach Mitte Februar stattgefunden (142). Der Grund aber, warum die Artikel erst Ende März von Oberschwaben aus durch den Druck sich verbreiteten, liege darin, daß die Bewegung im übrigen Deutschland anfangs 1525 noch nicht soweit gediehen gewesen, daß das allgemeine Manifest eine Wirkung gehabt hätte, wenn man es vor Ende März veröffentlicht haben würde. Jedoch sei Fuchssteiner mit demselben nicht unthätig in Kaufbeuren sitzen geblieben, sondern habe die Artikel unter den Oberschwaben verbreitet. Daher komme es, daß deren Lokalartikel die prägnanten Bestimmungen der zwölf, namentlich den Pfarrerartikel, seit Mitte Februar enthielten, und die memminger Eingabe geradezu nichts anders sei, als eine verschlechterte Ausgabe derselben. Diese letztere Behauptung sucht Stern aus innern Gründen glaubwürdig zu machen (120—34). Endlich vertritt er noch die Ansicht, auch jene Männer seien an der Entstehung der zwölf betheiligt, auf die schon die Zeitgenossen als deren Verfasser hinwiesen: Münzer und Schappeler, der Art, daß ersterer der einflußreiche Lehrer und Rathgeber und vermuthlich auch der eingeweihte Vertraute des wahren Verfassers sei (110—114), letzterer aber die Einleitung zu den Artikeln geschrieben und bewirkt haben werde, daß die memminger Eingabe die 12 als Vorlage copirten (145).

Die Darstellung Sterns macht bei dem ersten Anblicke einen gewinnenden Eindruck, bei eingehenderer Untersuchung jedoch wird gerade ihre kühne und verwickelte Combination, ihr Hypothesenreichthum, ihr Mangel an positiven Beweisen starke Zweifel an ihrer Richtigkeit erregen: Grund genug, dieselbe einer kritischen Besprechung zu unterziehen. Beginnen wir mit der Prüfung der Behauptung Sterns, die zwölf Artikel seien durch Herzog Ulrich und Fuchssteiner in das Allgäu gekommen.

Es ist Jörgs Combination, Herzog Ulrich habe den weitausholenden Plan verfolgt, mit Hilfe der oberschwäbischen Bauern Bayern anzugreifen, sehen wir aber näher auf die Gründe, welche Jörg zu derselben führten, so finden wir, daß er sich nur auf die Anwesenheit und Thätigkeit eines Dr. Fuchssteiner in Kaufbeuren stützen kann, denn die bayerischen Kundschafter und der ulmer Bundesrath vermögen sich, wenn sie von einem Einverständnisse Ulrichs mit den Oberschwaben reden, nur auf ein unbewiesenes Hörensagen zu berufen, und ihre Angaben fallen darum, wie schon Dr. Eck erkannt hat, als Beweise für einen so großartigen Plan von selbst weg.[16]) Seit aber Dr. Stieve die Entdeckung machte, der Kaufbeurer Fuchssteiner sei nicht Ulrichs Kanzler, sondern dessen gleichnamiger Vetter, der keine nachweisbaren Verbindungen mit letzterm oder Ulrich hatte, sondern schon seit Jahren (durch Heirat im Allgäu begütert) in Kaufbeuren als Beisaße wohne,[17]) so fiel auch der einzige Grund für einen Zusammenhang des Herzogs mit den Oberschwaben und für die Möglichkeit, daß durch Ulrich die zwölf Artikel in das Allgäu gekommen seien. Ueberhaupt muß man sich wundern, daß, auch abgesehen von dem gänzlichen Mangel aller nur einigermaßen hinreichenden Beweise, ein derartiger Plan Herzog Ulrichs für möglich gehalten werden konnte. Ich will davon schweigen, daß es ihm denn doch nicht entgehen konnte, daß die Oberschwaben, deren Bewegung defensiver Natur war, zu einem Einfalle nach Bayern nicht die mindeste Lust zeigten. Hätte Ulrich wirklich diese Absicht gehabt, so hätte er doch mit seinem Einfalle in Wirtenberg solange zurückgehalten, bis er entweder sein Ziel im Allgäu erreicht oder die Ueberzeugung bekommen haben würde, seine Absichten seien hier aussichtslos. Dieses aber that er nicht, sondern im Angesichte des schwäbischen Bundesheeres raffte er mit Aufgebot seiner letzten Geldmittel ein Heer zusammen und fiel zu derselben Zeit, da seine angeblichen Agitationen am Leche kaum begonnen, in sein Land ein. So handelt kein vernünftiger Mann. Es bleibt darum nichts übrig, als die jörgsche Combination fallen zu lassen. Damit dürfte auch die Ansicht, durch Ulrich und seinen Kanzler seien die zwölf Artikel in das Allgäu gekommen, beseitigt sein. Können sie aber nicht durch andere Vermittler dorthin ihren Weg gefunden haben, etwa durch Schappeler? Ohne mich an dieser Stelle in eine Untersuchung einzulassen, in wiefern Schappeler an den fraglichen Artikeln betheiligt sei, dürfte ich wohl behaupten, daß diese Frage zu verneinen sei, denn einen Verkehr des memminger Predigers mit Hubmaier (abgesehen von ihrem Zusammentreffen in S. Gallen und Zürich 1523)[18] kann man nicht nachweisen, und wenn es sich um die Constatirung eines so wichtigen Ereignisses handelt, werden gewiß positive Gründe und Beweise nothwendig sein. Auch ein anderer Ueberbringer läßt sich nicht einmal andeutungsweise erkennen. Es kann keine Spur eines Zusammenhangs der Bewegung in Oberschwaben und im Schwarzwalde vor dem April 1525 in den gleichzeitigen Quellen aufgefunden werden.[19] Fehlt aber jeder nachweisbare Zusammenhang zwischen Oberschwaben und Schwarzwald, so stehen wir vor dem Räthsel, daß die memminger Eingabe mit den 12 Artikeln, deren Verfasser im fernen Waldshut lebt, identisch, ein Ueberbringer der letztern in das Allgäu aber nicht einmal anzudeuten ist. Ein noch größeres Räthsel aber liegt in der Frage, warum Hubmaier sie vor dem 24. Febr. nach Memmingen schickte, da mit der Beseitigung des ulrich'schen Plans hiezu aller Grund fehlt, und dieselben, die doch das Schema aller Bauernforderungen sein sollten, nur nach Oberschwaben, und nicht sofort auch unter die übrigen damals schon schwierigen Bauernschaften, z. B. die Wirtenberger verbreitete. Wir haben aber noch weiter zu fragen.

Warum ließ Hubmaier eine Artikel so ferne von seinem Sitze drucken und nicht auch in seiner Nähe? Er bekam, wie Stern sagt, zu denselben den Stoff von seinen Nachbarn, warum verbreitete er dieselben nicht zuallererst unter die umliegenden Bauern? Hier mußte er ja die freudigste Aufnahme finden, denn gewiß hatte er ihnen einen unschätzbaren Dienst erwiesen, als er ihre Forderungen in so einfacher, klarer Sprache zusammenfaßte. Diese um Waldshut wohnenden Bauern wird er, der Natur der Sache nach, wohl eher als die entlegenen Oberschwaben zu den Trägern des Planes gemacht haben, den er durch die Redaktion des allgemeinen Manifestes anstrebte. Und dennoch ist es nicht so. Unbegreiflicher Weise läßt Hubmaier seine nächste Umgebung unberücksichtigt und sendet seine Artikel unmittelbar nach ihrer Abfassung in das Allgäu. Hier sind sie schon am 24. Febr. in ihrem Wortlaute bekannt, und in ihrer eigentlichen Heimath trifft man ihre erste Spur nicht vor April. [20]) Sollten diese Unmöglichkeiten nicht darauf hindeuten, daß Hubmaier nicht von den Schwarzwäldern den Stoff zu seinem Programme bekam, einfach, weil diese Mitte Februar noch nicht von deren evangelischem Geiste beseelt waren? Da Hubmaier aber mit keiner andern Bauerschaft in nachweisbarem Verkehre stand, so möchten jene Unmöglichkeiten wohl auch darauf hindeuten, daß Hubmaier gar nicht Verfasser der zwölf Artikel ist.

Sterns eigentliches Beweismittel für die Behauptung, daß Hubmaier Verfasser unserer Artikel sei, ist wohl nur Fabers Angabe, denn alle weitern Combinationen über die Identität derselben mit Hubmaiers Gedanken dürften für sich allein nicht allzu gewichtig sein. Stern selbst redet von der „singularitas testium" für Hubmaiers Autorschaft (p. 67). Eine genauere Prüfung dieser einzigen Quelle ist also gewiß angezeigt. Weit entfernt, Faber tendenziöse Entstellung der Thatsachen vorzuwerfen, kann ich dennoch nicht umhin, gegen den Werth seiner Angabe Zweifel auszusprechen. Fabers [21]) Darstellung leidet, wie Stern selbst anführt, an dem Mangel chronologischer Genauigkeit und scharfer Trennung dessen, was Hubmaier verfaßte und was er von andern übernommen, abgeschrieben und commentirt hat. Wenn demnach seine Angaben nicht durch zwingende innere Gründe oder durch positive Zeugnisse Bestätigung finden, so dürften sie wohl schwerlich als beweisende Nachrichten anzusehen sein, am allerwenigsten aber in dem Falle, daß sie mit anderweitigen Angaben nicht übereinstimmen, was gerade von der vorliegenden Frage gilt, denn Fabers Angabe, Hubmaier habe die im Druck ausgegangenen Artikel gemacht, befindet sich mit Hubmaiers eigenem Geständnisse, auf das ich bald zu reden kommen werde, nicht in gänzlichem Einklange. Es wird also zu untersuchen sein, ob sich innere Gründe für Fabers Behauptung finden.

Auch Stern findet, daß sich Hubmaier von 1524 an in seinen politischen Gesinnungen als ein echter Anhänger Thomas Münzers bewährt. Wie dieser betonte er schon im Herbste 1524 (Stern p. 69 und 70) nicht nur die Freiheit der Jagd, die Unrechtmäßigkeit des Zehnten, der Zinsen und Renten, das Evangelium als Rechtsquelle, sondern er lehrte im Einverständnisse mit Münzer, daß das gemeine Volk die Obrigkeit zu setzen und zu entsetzen habe. Hubmaier stellte damals auch die Theorie auf, daß jeder, welcher so lang gezinst habe, daß er damit die Hauptsumme erreicht habe, nun frei und nichts mehr schuldig sei. Wer so lehrt, ist radikal und weit über die Gesinnung, welche sich in den zwölf Artikeln kundgibt, hinausgekommen. Hubmaier gab diese Lehren auch nie auf, 1525 brachte er sie vielmehr in ein System (Stern 72 ff.) und hielt an ihnen fest bis zu seinem Ende. Bewußt lebt er im Gegensatze zu der altererbten Ordnung und sucht in Schrift und That dieselbe nicht zu reformiren, sondern einfach zu zertrümmern. Kurz er ist Revolutionär, die zwölf Artikel aber sind weit entfernt, umstürzen zu wollen, sie anerkennen vielmehr die bestehende Obrigkeit, ihr Zweck ist nur, die Grundlage scharf zu bezeichnen, auf der ein friedlicher Ausgleich mit der Obrigkeit herzustellen und das Evangelium zu sichern ist. Wahrlich Hubmaier wäre Heuchler, wenn er diese Artikel verfaßt hätte. Stern kommt diesem Einwurfe dadurch entgegen, daß er behauptet, Hubmaier habe die Artikel ganz objektiv, ohne seine individuelle Ueberzeugung in sie hineinzulegen (p. 99), mit schöpferischem Geiste nach dem Stoffe geformt, welchen ihm die um Waldshut wohnenden Bauern entgegentrugen. Bei seinem Charakter erscheint aber solches nicht besonders glaubwürdig: er, der von seinen Zeitgenossen als hochfahrender, stolzer Geist gekennzeichnet wird (Stern 58), war wohl am wenigsten geneigt, die selbstverläugnende Rolle eines derartigen Dollmetschers zu spielen. Und hätte er sich dazu verstanden, woher hätte er den Stoff in seiner Nachbarschaft nehmen sollen?

Stern will zwar nachweisen (100—110), daß die Bewegung um Waldshut schon im Winter 1524 auf 1525 jenen religiösen Charakter trägt, welchen die 12 Artikel als ihre nothwendige Bedingung voraussetzen. Ich bin aber auch hier genöthigt, ihm entgegenzutreten. Allerdings behaupten die Schwarzwälder im Dezember (ja wenn die evangelische Bruderschaft wirklich derartige Gedanken hatte und diese ihr nicht von der villinger Chronik unterschoben sind, was hier dahingestellt sein mag, schon im August 1524),²²) das göttliche Recht anzustreben; prüft man aber ihr Thun, ihre Forderungen, so erkennt man alsbald, daß dieselben durchaus nicht evangelisch sind, ihre Bewegung hat nicht einmal den gemäßigt reformatorischen Charakter, welcher die Erhebung der Allgäuer kennzeichnet; die Schwarzwälder handeln vielmehr bis in den April 1525 hinein in der stürmischen Weise der Seebauern. Ihre Forderungen sind rein lokaler, weltlicher Natur und stützen sich weit mehr auf das Rechtsherkommen als auf das Evangelium.²³) Von den Schwarzwäldern kann Hubmaier den Stoff zu den 12 Artikeln also nicht erhalten haben. Mit um so größerem Eifer sucht Stern den religiösen Charakter der 12 Artikel in der klettgauer Erhebung für 1524 nachzuweisen.

Die Landgrafschaft Klettgau war von den Stühlingern aufgefordert worden, sich ihnen anzuschließen. Die Klettgauer aber, die bisher gegen ihren²⁴) Herrn von Sulz nach ihrem eigenen Geständnisse keine Klage hatten, wandten sich an Zürich (unter dessen Schirm die Grafschaft stand) und baten um Beistand. Die Stadt versprach am 11. Okt. 1524 den Klettgauern zu willfahren, nachdem sie dieselben, da der Aufruhr allenthalben zum guten Theile des Gotteswortes und der hl. Evangelien halber entstanden, an ihr Mandat, die Predigt des reinen und lautern Worts betreffend, gemahnt und von denselben das Versprechen erhalten hatte, wie sie bisher nach dem Mandate gelebt, seien sie willens, auch fernerhin dem Evangelium mit Leib und Blut anzuhangen, bis sie eines Bessern berichtet würden. Zugleich sprach Zürich die Hoffnung aus, der Graf von Sulz und seine Amtleute würden dem wahren Gottesworte anhangen und die Prediger desselben schützen und nicht vertreiben.²⁵) Bis jetzt wollen also die Klettgauer keinen Aufstand, erklären vielmehr, mit ihrem Herrn zufrieden zu sein. Trotz der Vorsorge Zürichs und der Friedensbetheuerungen der Klettgauer ging aber auch unter ihnen der Samen auf, welchen die Stühlinger ausgestreut hatten. In einem langen Artikelbriefe, der von Stern (104) und Schreiber in den Nov. 1524 gesetzt wird, theilten die Klettgauer der Schirmstadt Zürich mit, daß sie in 44 Punkten von ihrem Herrn beschwert seien.²⁶) Sie meinten, sie können diese „nicht erleiden von dem Evangelium und göttlichen Rechten, von keiner Billigkeit noch Rechten, und sie wollen sie nicht mehr thun, ohne Berichtung des göttlichen Rechts und Unterricht des Stadtraths, da sie einen Eid geschworen, dem Gottesworte und den zürcher Mandaten statt zu thun." Diese Punkte, um deren willen sie ihren Grafen vor dem Stadtrathe belangen, unterscheiden sich jedoch ganz und gar von den Forderungen, die unter dem Titel des göttlichen Rechts von den Bauern aufgestellt wurden. In ihnen ist keine Rede von Abschaffung der Leibeigenschaft, der Renten, Zinse und Frohnden, von gänzlicher Freiheit der Jagd, sie sind vielmehr in jenem Geiste abgefaßt, welcher die mittelalterlichen Bauernartikel kennzeichnet. Denn die Forderungen der Klettgauer sind durchweg lokaler, selbst kleinlicher Natur, und auch in der Art der Begründung zeigt sich der erwähnte Charakter. Bei keinem Artikel berufen sich nämlich die Klettgauer auf das Evangelium, sondern stets auf das Herkommen oder die Billigkeit. In Inhalt und Form also verrathen die klettgauer Artikel wenig von einem Einflusse des göttlichen Rechts. Allerdings berufen die Klettgauer sich in der Einleitung auf dasselbe, erklären am Ende, daß sie alle andern neue Fünde und Aufsätze, die in ihren Artikeln nicht begriffen wären, ohne Unterrichtung des göttlichen Rechten nicht mehr thun würden, und daß sie ihrem Herrn alles leisten, wozu sie jenes verbinde, allerdings verlangen sie von Zürich Schutz und Schirm gegen den Grafen, der sie strafen wolle, wenn sie ihrem Eide getreu das Gotteswort schützen und von den alten Bräuchen lassen würden, trotzdem haben aber ihre Forderungen (nur die eine ausgenommen, welche den kleinen Zehnten betrifft und welche schon ihrer Stellung und Form nach von den übrigen sich unterscheidet), (s. unten) mit dem göttlichen Rechte nichts zu thun. Man kann kaum umhin, alle Reden und Berufungen auf dasselbe als Schlagwörter zu bezeichnen, welche die Absicht verfolgen, den reformirten Stadtrath für die Klettgauer zu gewinnen. Man betrachte nur die letzte Bemerkung, daß sie ihrem Grafen alles leisten wollen, wozu sie das göttliche Recht verbinde. Weit entfernt, diesen Satz als ihre Grundforderung an die Spitze zu stellen, flickten sie ihn, als ob sie ihn vergessen hätten, nach einer ganz lokalen Forderung, der von Griessen, noch an ihren Artikelbrief an. Man betrachte ferner, daß die Klettgauer neben dem göttlichen Rechte ausdrücklich den zürcher Rath als Richter wollen und daß sie erklären, sie seien bedrückt nicht nur gegen das Evangelium, sondern auch gegen Recht und Billigkeit. Darum stellen sie auch den principiellen Artikel der zwölf nicht auf, daß sie alles begehren, was ihnen später das göttliche Wort noch zusprechen würde und daß sie auf die Errungenschaften verzichten, welche ein tieferes Verständniß des Evangeliums als in diesem unbegründet nachweise. Sie begehren lediglich, daß man ihnen alle in ihren Artikeln nicht enthaltenen neuen Fünde und Aufsätze dem Unterricht des göttlichen Rechts unterstelle, d. h. wie ihre Artikel fast nur Neuerungen der Herrn berühren, so wollen sie, daß man auch die Neuerungen, welche sie etwa vergessen hätten (unmittelbar hinter diese Forderung stellten sie wirklich eine vergessene: „Setzt auch den von Griessen einen Knecht uf, er sei ihnen füglich oder nit; müssend ihm die armen Leut lohnen"), ihnen nachlasse oder deren Berechtigung aus dem göttlichen Worte nachweise. So handelt keine Parthei, welche von evangelischem Geiste durchdrungen ist, die Klettgauer stehen zur Zeit, da sie ihre Artikel abfaßten, kaum da, wo die Allgäuer im Februar standen. Ihre Bewegung war zur Zeit der Artikel der der Schellenberger analog. Wie diese betonten sie ihre lokalen Forderungen und reden nur so nebenbei vom göttlichen Rechte. Es fehlt darum auch die hochwichtige Bestimmung, daß die Gemeinde selbst ihren Pfarrer wähle, in den klettgauer Artikeln.[27])

Es dürfte also mit Grund zu bezweifeln sein, daß die klettgauer Bewegung jenen evangelischen Charakter hatte, der Hubmaier den Stoff zu den 12 Artikeln bieten konnte. Gesetzt aber, dieß wäre dennoch möglich gewesen, so hätte dieses spätestens Mitte Februar sein müssen. Nun aber entstanden die klettgauer Artikel nicht im Nov. 1524, sondern im März 1525.

Am 11. Okt. 1524 hatte die klettgauer Landschaft, wie erwähnt, den zürcher Mandaten (die aber nur die kirchlichen Verhältnisse betrafen) Gehorsam gelobt. Darüber kam sie mit Graf Rudolf, einem eifrigen Altgläubigen, in Conflikt und durch diesen in die Bauernbewegung hinein. Der Graf verklagte seine Bauern bei dem Stadtrathe, welcher sie zur Verantwortung aufforderte. Am 23. Jan. gehorchte die Landschaft und erbot sich auf einer allgemeinen Versammlung zu Thiengen, wenn ihr Herr sie weiter ansuchen würde „die Handlung in Artikel Weiß uf sin Anklag an E. W. (den Stadtrath) langen zu lassen."[28]) Damals waren demnach die Artikel, welche ausdrücklich an den Rath gerichtet sind, noch nicht eingereicht, und wie aus dem Schreiben der Landschaft folgt auch nicht entworfen. In ihrem Schreiben vom 23. Jan. erklärte diese nämlich „in Zins und Zehnten und dergleichen sich gegen den Grafen so zu halten, wie es frommen Biederleuten zusteht und gebührt." Auch am 31. Jan., obwohl die Klettgauer am 30. d. M. mit Hubmaier zusammengekommen,[29]) können die Artikel noch nicht verfaßt gewesen sein, denn von diesem Tage batirt ein Schreiben der Gemeinde Griessen an Zürich, in dem fie sich wegen Zehentverweigerung verantwortet. Nur darum habe sie dem Abte von S. Blasien den Zehnten vorenthalten, weil er ihrer zweimaligen Bitte, fie mit einem Prediger des reinen und lautern Wortes zu versehen, nicht entsprochen. Damit haben wir auch den positiven Beweis, daß die Klettgauer am 31. Jan. noch weit von dem Standpunkte der 12 Artikel entfernt sind, die Wahl des Pfarrers als ein Gemeinderecht zu beanspruchen, gewiß ein schwer wiegender Einwand gegen den evangelischen Charakter ihrer Erhebung.³⁰) Erst am 22. März haben sie ihre Artikel dem zürcher Rathe überreicht. An diesem Tage kam es vor diesem zu einer gütlichen Verhandlung der Landschaft mit ihrem Herrn. Unzweifelhaft spricht jetzt der Rathsabschied von den Artikeln.³¹) Am 23. Jan. hatte die Landschaft gerade für eine gütliche Verhandlung die Vorlage ihrer Beschwerden in Artikeln versprochen: da eine weitere Verhandlung vor dem 22. März nicht bekannt, überhaupt höchst unwahrscheinlich ist, weil die Verhandlung am 22. März eine gütliche Thädigung war, so dürften die Klettgauer Artikel, deren Zweck so ausdrücklich bezeichnet ist, kaum lange vor dem 22. d. M. abgefaßt worden sein, also fast vier Wochen nach der Zeit, da die memminger Eingabe entstand. Ich habe aus innern Gründen oben den Beweis zu führen gesucht, daß die Klettgauer zur Zeit, da sie ihre Artikel aufstellten, nicht evangelisch waren, jetzt darf ich hiefür auch ein positives Zeugniß beibringen. Da die Anwälte der Klettgauer am 22. März nicht genügende Vollmachten hatten, so wurde vom Stadtrathe angeordnet, daß sie bis zum 25. d. M. solche vorlegten „um mit gewissenhafter Täding um alle Sachen, fry und unverdingt, in der Gütlichkeit zu handeln." Am 25. März beriethen die Klettgauer über diese Anordnung und kamen zu dem Beschlusse „daß sie (ihre Gesandten) nit witer handlen söllend, dann nach der einzigen Richtschnur (das ist nach dem Gotzwort) und kein andern Richter nit han, und den Handel nit anheben, es sige dann das A. und N. Testament Richter. Diewil doch kein wahrhaftiger Richter ist im Himmel und uff Erden, dann das Gotzwort, und all unser Sachen, Handlung, Leben und Wesen allein im Gotzwort stat und nit by uns unstandhaftigen ergitigen Menschen. Daß dasselbig lebendig Wort auch unser Richter syn soll."³²) Also erst, nachdem die zwölf Artikel schon vier Tage zum mindesten gedruckt waren, kamen jene Bauern, von denen Hubmaier den Stoff zu den zwölf haben soll, zur Aussprache des denselben zu Grunde liegenden Princips, nachdem sie kaum drei Tage vorher noch auf dem Boden des Rechtes sich bewegt hatten. Es würde mich von meiner Aufgabe abführen, wollte ich diese plötzliche Aenderung näher betrachten, es sei mir hier nur gestattet, zu bemerken, daß allerdings die 12 Artikel dieselbe bewirkten, weil sie gerade zu dieser Zeit aus ihrer Heimat in den Klettgau kamen und hier wie überall unter die Masse das zündende Wort warfen. Es wird mir gestattet sein, bei einer andern Gelegenheit darüber zu reden.

Hubmaier kann, das möchte der Gewinn der bisherigen Untersuchung sein, den Stoff zu den zwölf Artikeln nicht aus sich, nicht aus der benachbarten Bauerschaft genommen haben. Er selbst ist der Träger von Ideen, die weit über die zwölf hinaus führen, jene aber ist bis in den März hinein noch nicht auf dem Standpunkte der letztern angelangt. Will man trotzdem die Autorschaft des waldshuter Predigers festhalten, so muß man sich zur Annahme bequemen, Hubmaier habe, da er unbedingt im Februar die zwölf verfaßt haben muß, den Stoff von den Oberschwaben entlehnt: eine Ansicht, die wohl Niemand vertreten wird, da eine Verbindung Hubmaiers mit den Oberschwaben nicht nachweisbar ist und auch, wenn man sich zu dieser Ansicht bekennen wollte, dann erst recht unerklärlich wäre, warum denn Hubmaier nicht in der Fastnacht die Klettgauer, welche damals in Waldshut waren, mit den zwölfen bekannt machte. Kurz, es dürfte nothwendig sein, die Autorschaft Hubmaiers fallen zu lassen und anzunehmen, Faber habe bei seiner Angabe nicht beachtet, ob er es mit einem von Hubmaier entworfenen oder commentirten Aktenstücke zu thun gehabt habe. Darauf weist endlich auch Hubmaiers Geständniß klar hin: „wie er der Bauern Artikel, sso yhm von yhnen aus dem höre zukomen seind, dieselbigen yhnen erweytert und außgelegt, und denselbigen solchs eingebildet, die anzunehmen als Christlich und billich."[33]) Von einem Artikelverfassen enthält dieses Geständniß also nichts, im Gegentheil, Hubmaier hat ihm zufolge der Bauernartikel erst aus dem „höre" d. h. nicht aus dem Gehör wie Stern will (92) oder aus der Landschaft „Höri" (bei Radolfszell), sondern aus einem Heere, also einem Bauernhaufen überkommen.[34]) Diese Gelegenheit benützte er, diese Artikel zu erweitern und auszulegen, was kaum einen andern Sinn haben dürfte, als sie durch seine eigenen Ideen zu commentiren. Hubmaier, durch dessen Worte verführt Faber die unter seinen Papieren gefundenen zwölf Artikel als sein Werk ansah, bezeugt also ganz klar, daß er zwar mit denselben sich beschäftigte, keineswegs aber ihr Verfasser sei.

So wenig Hubmaier diese Ehre beanspruchen kann, ebensowenig können dieß die Schwarzwälder. Wenn also Münzer die zwölf Artikel die der Schwarzwälder, und die Bauern von Kandern sie die Artikel der Waldbauern nennen, so ist damit nichts gesagt, als daß sie dieselben von den letztern erhalten haben.[35]

Der Gang der bisherigen Untersuchung führt uns demnach in jene Gegend als die Heimat der 12 Artikel, wo das Princip derselben zuerst klar ausgesprochen wurde und die Artikel gleichzeitig mit dieser Aussprache in der Form der memminger Eingabe auftraten. Allein nicht nur das Princip wurde von den Baltringern und den memminger Bauern ausgesprochen, sondern wir fanden auch von allen Oberschwaben mehr oder weniger den Inhalt der zwölf schon im Februar betont. Die Forderungen der Allgäuer, Oberdorfer, Kaufbeurer, Wertachthaler, Baltringer gehen von Anfang an auf Abschaffung der Leibeigenschaft, Zehnten, Zinse, Renten, Frohnden, u. s. w. Alle diese Bauern reden vom göttlichen Rechte, das immer intensiver, allumfassender gedacht wird, je mehr wir uns der Metropole der oberschwäbischen Reformation, Memmingen, nähern. Gerade unter den Bauerschaften, welche in nachweisbarem Zusammenhange mit dem memminger Reformatorenkreis standen, herrschte der evangelische Charakter, den die zwölf Artikel voraussetzen. Von diesen Bauern, welche, um das Evangelium durchzusetzen, die christliche Vereinigung stifteten, welche sich in der ausgesprochenen Absicht versammelten, das göttliche Recht zu declariren, rühren die zwölf Artikel her. Nicht nur innere Gründe, sondern auch ein positives Zeugniß berechtigen mich zu dieser Behauptung, ein Zeugniß, das um so schwerer wiegt, weil es nicht von einem Schriftsteller, sondern von einer Urkunde abgelegt wird. Der Schenk Wilhelm von Limpurg nämlich mußte am 1. Mai 1525 in den Bund der remsthaler Bauern treten und die zwölf Artikel anerkennen. Ueber deren Herkunft sagt er in seinem Reverse: „so verschynen Zeyt die baurschaft oberhalb vlm an der thana vsgeen laffen."[36]

Zum erstenmale treten diese Artikel, welche somit unzweifelhaft von den Oberschwaben herstammen, in der memminger Eingabe auf. Wie schon erwähnt herrscht darüber ein Streit, ob letztere oder die zwölf Artikel in ihrer allbekannten Gestalt Original seien, oder ob beiden ein drittes Aktenstück zu Grunde liege. Diese Frage dürfte, nachdem die Oberschwaben als Urheber der Artikel nachgewiesen und Hubmaiers Autorschaft sich als unhaltbar ergeben hat, nicht mehr die alte Bedeutung haben, auch wenn wir uns nach den wirklichen Verfassern der beiden Aktenstücke erkundigen. Es wird sich nämlich im Verlaufe der Untersuchung durch gleichzeitige Nachrichten ergeben, daß als Dirigent hinter den Bauern bei Aufstellung der zwölf Artikel der memminger Reformatorenkreis thätig war. Mag nun der Eingabe oder den zwölf Artikeln die Originalität zukommen, immer bleibt Oberschwaben die Heimat desselben und die Memminger die Männer, welche die Bauern zu deren Aufstellung brachten. Bevor ich aber den Beweis dieser Behauptung antrete, will ich die Frage nach der Originalität der beiden Urkunden auch meinerseits zu lösen versuchen. Offen muß ich gestehen, daß dieselbe mit zwingender Kraft nicht zu lösen ist, weil es uns an allem Materiale hiezu fehlt und zu ihrer Lösung uns nur der Text der beiden Aktenstücke zu Gebote steht, wobei hier noch der Umstand erschwerend wirkt, daß wir den Originaltext der zwölf nicht haben, sondern nur eine Reihe mehr oder weniger von einander abweichender Abschriften und Drucke. Nur mit Wahrscheinlichkeit kann die gestellte Frage beantwortet werden. Meine Antwort macht darum keineswegs Anspruch auf überzeugende Kraft, sondern sie soll nur eine Hypothese sein, die mir mehr Gründe für ihre Richtigkeit zu haben scheint, als die ihr entgegenstehende Annahme Sterns.

Stern bekämpft die Originalität der Eingabe aus folgenden Gründen:

1) Dieselbe richte sich an den memminger Stadtrath, rede aber diesen nicht durchgängig birekt an, was nur die Einleitung thue, während der Text gar Niemanden anrede. Dieß passe nur für die 12 Artikel, darum sei es klar, daß die Eingabe aus jenen für den bestimmten Zweck, dem Stadtrathe vorgelegt zu werden, hergestellt worden sei, und ungeschickter Weise habe dabei der Ueberarbeiter die allgemeine Anrede stehen lassen, obwohl er in der von ihm verfaßten Einleitung und Schlußbemerkung den Rath birekt anspreche. (Stern 125.)

2) In der Eingabe fehlen die Marginalien, welche in den zwölf sich vorfinden.

3) In ersterer befinde sich eine Reihe von schlechterbings unverständlichen Sätzen und Ausdrücken, Wiederholungen, Verkürzungen u. s. w., die sofort verständlich würden, wenn man den Schlüssel zu dieser räthselhaften Ausdrucksweise kenne: die ursprüngliche Quelle, b. h. die 12 Artikel. (Stern 127—134.) Stern behauptet darum (134): „So gewiß die Vermuthung ungerechtfertigt ist, daß aus unpassenden Ar-

tikeln zweckgemäße werden, aus unvollständigen vollständige, aus lückenhaften und verwirrten abgerundete und klare, als die umgekehrte Vermuthung, so gewiß sind aus den 12 Artikeln die Memminger geworden und nicht umgekehrt aus den Memmingern die zwölf."

Ich habe hiergegen Folgendes einzuwenden.

Stern behauptet, daß wohl durch Schappelers Einfluß die zwölf Artikel von den memmingern Bauern zur Grundlage ihrer Forderungen erhoben wurden (145). Zwar fügt er bei, daß Schappeler selbst die Ueberarbeitung nicht vorgenommen haben werde, denn er würde sie minder liederlich gemacht haben. Gewiß eine richtige Bemerkung, aber — diese Frage ist kaum zu umgehen — wie kam es denn, daß Schappeler nicht hinderte, daß der Ueberarbeiter so liederlich die zwölf auszog? Wie kam es, daß die memminger Bauern das klare und abgerundete Original mit einer lückenhaften und verwirrten Ueberarbeitung, die auch ihrem Inhalte nach weniger Vortheile bot, vertauschten? Kaum möchten sich diese Fragen beantworten lassen. Man sieht, mit der Annahme der Originalität der zwölf Artikel geräth man in einen Cirkel von gefährlichen Räthseln. Wir wollen nun aber auch auf die Gründe eingehen, welche Stern für seine Behauptung anführt.

Sein erster Grund, daß die memminger Eingabe die unbestimmte Anrede man gebrauche, was sich nur aus den zwölf erklären lasse, dürfte nicht allzuviel beweisen. Wer mit dem oberschwäbischen Idiome bekannt ist, weiß, daß die Oberschwaben gerne selbst bei direkter Anrede unbestimmter Wendungen sich bedienen. Nichts anderes kann in den allgemeinen Redensarten der Eingabe: „wir begeren, daß ain gnedig einsehen hierin gebraucht werde, daß ein ringerung hierin gebraucht und furgenomen werde" u. s. w. erkannt werden, als eben jene Eigenart, zumal wenn man bedenkt, aus welchen Kreisen die Eingabe stammt. Sie soll kein Meisterstück gerichtlichen und notariellen Styles sein; die Bauern, welche sie annahmen, mochten zufrieden sein, wenn in ihr ihre Beschwerden enthalten waren, ob die Form holperig klang, darauf kam es nicht an. In letzterer Beziehung aber steht die Eingabe hoch über den gleichzeitigen allgäuer und kisleggar Artikeln. Gerade die letztern sind hier sehr lehrreich: so confus ist ihre Sprache, daß es selbst dem Eingebornen oft schwer wird, deren Sinn zu fassen. Dabei fiel es den Kisleggern gar nicht ein, in einer Aufschrift oder Einleitung ihre Junker, an welche der Artikelbrief gerichtet ist, auch nur indirekt anzuregen. Das dürfte verrathen lassen, wie überhaupt Bauernartikel entstanden. In Versammlungen wurden sie, wie wir oben sahen, beschlossen und angenommen; daß es hiebei zu Debatten und in Folge davon zu Compromissen kam, lehrt die Bundesordnung. Mag nun auch ein Entwurf vorgelegen sein, in Folge der Besprechung wurden die Artikel umgeändert, neugeformt, vermehrt oder vermindert, gerade aber durch diese Behandlung wurden sie nicht nur von dem Haufen angenommen, sondern ganz und gar dessen Werk, in ihrer Form also bäuerlich und ungefüge. Weil sie also das Resultat einer Versammlung sind, so reden alle jene Artikel in ihrem Texte Niemand an, denn dieser Text ist ja nur eine Zusammenstellung der Beschwerden, die als ein Ganzes der betreffenden Obrigkeit vorgelegt wurde. Wenn die memminger Bauern ihre Artikel in der Einleitung und im Schlusse direkt an den Rath abressiren, so befleißen sie sich darin einer großen Höflichkeit, nothwendig war es, wie die kislegger Artikel zeigen, nicht.

Sterns erster Grund dürfte darum nicht viel beweisen. Auch sein zweiter, daß in der Eingabe die Marginalien fehlen, scheint nicht gewichtig zu sein. Ganz abgesehen davon, daß es auch in der Reformationszeit durchaus nicht ausschließliche Sitte war, genau die Bibelstellen zu citiren, wie Stern annimmt (er selbst bringt ein gegentheiliges Muster von Schappeler p. 14), so möchte auch hier die Schwierigkeit sich erheben, wie man zu erklären habe, daß der Ueberarbeiter der zwölf Artikel die genaue Bibelcitation mit einer ungenauen vertauschte, ein Beginnen, das denn doch seinem Zwecke nicht besonders förderlich scheint. Dazu kommt, daß das älteste Exemplar der zwölf der Marginalien entbehrt (Stern 115). Es wird also hier zu fragen sein, wer dieselben den 12 Artikeln beisetzte, eine Frage, die unten durch eine positive Angabe beantwortet werden soll.

Gehen wir zum dritten Grunde Sterns über, daß die Eingabe sinnlos aus den zwölf Artikeln ausgezogen wurde. Er sucht diese Behauptung dadurch zu erhärten, daß er den Text der Eingabe mit dem der zwölf vergleicht. Es möge mir erlaubt sein, eingehender seine Vergleichung zu prüfen und hiedurch zu zeigen, daß die unläugbar in der Eingabe (aber auch in den zwölf Artikeln) enthaltenen Härten und Undeutlichkeiten aus sich selbst erklärt werden können und keineswegs zur Annahme eines weitern Originals nöthigen.

Stern vergleicht den 5. Artikel der Eingabe mit dem entsprechenden 6ten der zwölf (127 und 131), indem er den Schlußsatz des erstern: „begeren, das ein gnedig einsehen hierin gebraucht werde, wie die eltern gedient haben, allein nach laut des wort Gottes" mit dem des zweiten zusammenstellt: „begern wir, das mann eyn zimlich eynsehen dareyn thue" (nämlich in die überschweren Dienste) „uns der maffen nicht so hart beschweren, sonder uns gnedig hierynnen ansehen, wie unser Eltern gedienet haben, alleyn nach laut des wort Gottes (Ro. 10)." Stern sagt nun, in der Eingabe seien die Worte: „uns der maffen ansehen", bei der Ueberarbeitung ausgefallen, dennoch aber mechanisch der Schluß des 6. Artikels, ohne die Lücke im Gedankengang zu beachten, stehen geblieben. Er meint ferner (p. 127), daß jedermann fühlen müsse, wie vor dem Satze: „wie die Eltern gedient" in der Eingabe das logische Zwischenglied fehle: „daß man uns nur soweit beschwere" (wie die Eltern) oder etwas Aehnliches. Ich gestehe, daß der Wortlaut der Eingabe hart ist, finde aber ebenso hart die Form des 6. Artikels; in beiden Urkunden aber ist der Ausdruck, wenn auch mangelhaft, keinenfalls sinnlos. Wenn nämlich Stern das erwähnte Zwischenglied in der Eingabe vermißt, so weise ich auf den ganzen Artikel derselben hin. Dieser lautet: „zum funften ist unser diemietig bit und beger, nachdem und wir unsher lang hoch beschwert worden seien der dienst halber, welche von tag zu tag sich gemert und zugenommen haben, begeren, daß ein gnedig einsehen hierin gebraucht werde, wie die eltern gedient haben, allein nach laut des wort Gottes." Hier dürfte schwerlich im Gedankengang ein logisches Mittelglied fehlen, wenn auch die Form mangelhaft ist, denn der Sinn dieses Artikels ist: die memminger Bauern werden mit den Diensten von Tag zu Tag ärger gedrückt, sie fordern darum, daß die Neuerungen abgeschafft und ihre Dienste so angesetzt werden, wie ihre Eltern sie leisteten. Das Zwischenglied ist das Wörtchen „hierin", das in der Eingabe (und in den zwölf Artikeln) den oben unterstrichenen Satz vertritt. Auch der Schluß bedarf keiner Ergänzung. Die Bauern berufen sich in diesem Artikel auf das Herkommen, weil aber das göttliche Recht als Grundprincip gewahrt bleiben muß, setzen sie die einschränkende Klausel an den Artikel an: „allein nach laut des Wort Gottes." Es ist also nicht nothwendig, zur Erklärung dieses Artikels auf ein angebliches Original zurückzugreifen und aus den zwölfen ein Zwischenglied zu suchen, das nach dem Vordersatze der Eingabe pleonastisch und auch in den 12 Artikeln nicht befähigt ist, die Lückenhaftigkeit des Satzbaues zu heben.

Ebenso verhält es sich mit dem 4. Artikel der Eingabe, dessen Urbild Stern in dem entsprechenden der zwölf Artikel sieht. Ersterer besagt: „Hie ist unser begeren nit, wa ainer ain wasser hete, so erkauft wer, und das unwissen, da mueste man ain cristlich einsehen haben von wegen brieberlicher liebe." Sein angebliches Original hingegen lautet: „Darumb ist unser begeren, wann eyner wasser hette, das er's mit genugsamer schrifft beweysen mag, das mann das wasser unwissenlich also erkaufft hette, begeren wir yhms nicht mit gewalt zu nehmen, sondern mann mußt eyn Christlich eynsehen darynnen haben von wegen bruderlicher lieb." Stern (p. 133) ist der Ansicht, die zwölf Artikel seien hier klar, die memminger verwirrt, diese hätten die Worte: „begeren — sondern" aus jenen nicht aufgenommen, und doch das „nit" sinnlos stehen lassen. Betrachtet man aber den ganzen Artikel der Eingabe, so ergibt sich die Berechtigung dieses „nit" sofort. Derselbe lautet: „Am vierten ist unsher im brauch gewesen, das ain armer man nit macht gehabt hat, das gewild zu fachen oder schießen, des selbengleichen mit den fischen in fließend wassern ist uns auch nit zugelassen wurden. Welches uns ganz unbillich bedunkt und mit dem wort Gottes nit gemeß sein. Wan als Got der her den menschen erschaffen, hat er im gewalt geben, uber den fisch im Wasser, dem fogel im lufft und uber alle tier auf erben. Hier ist unser begeren nit, wo ainer u. s. w." Dieses nit muß stehen, denn die Bauern fordern zuerst freie Fischenz, bann aber machen sie eine Ausnahme für den Fall, daß Jemand einen Kauftitel auf ein Wasser hat. Den Uebergang zwischen diesen beiden Gliedern bilden eben die Worte: „hie ist unser begeren nit," die somit wohl berechtigt sind. Also auch hier ist die Annahme, daß dieser Artikel sinnlos ausgeschrieben sei, überflüssig.

Ebenso dürfte es sich mit dem ersten Artikel der Eingabe verhalten, der aus dem ersten der zwölf entstanden sein soll (Stern p. 132) ein Eingehen darauf möchte jedoch unnöthig sein. Ich glaube also mit der Ansicht nicht zu irren, daß Sterns Gründe dafür, daß die Eingabe aus den zwölf Artikeln ausgeschrieben sei, nicht zwingend sind, und daß die Lückenhaftigkeit der Eingabe sich sehr wohl ohne diese Annahme erklären läßt. Darum dürfte auch der sinnlose Titel der Eingabe nicht aus dem der zwölf gebildet sein, denn der etwaige Ueberarbeiter, dessen Werk nirgends unlogisch ist, hätte dann eines Leichtsinnes sich schuldig gemacht, der nur von der geistigen Armuth derjenigen übertroffen wäre, welche den unsinigen Titel unbeirrt annahmen.

Es ist doch viel einfacher, hier einen Schreibfehler zu erkennen und anzunehmen, daß die Eingabe sagen wollte: „die erbern unberthan: die bawrsleut und hinderseß der stat Memmingen" und nur durch Versehen statt: „die" „der" geschrieben wurde, als Stern zu folgen. Offenbar, meint dieser, haben die Memminger schreiben wollen: „Artikel, so die erbern unberthan der stat u. s. w." aber ihr Vorbild habe vermuthlich! gehabt: „Artikel der Bauernschafft und hinterseß," und der Kopist habe nun diese und der Bauern eigene Aufschrift sinnlos vermischt. Das dürfte doch zu künstlich klingen, um wahr zu sein.

Noch ein Einwand Sterns ist zu besprechen. In den zwei ersten Artikeln versichert die Eingabe fast mit denselben Worten, daß die memminger Bauern ihre Pfarrer mit leiblicher Nothdurft geziemend versehen wollen. Stern findet das sinnlos (p. 127, 133) und nimmt es für einen Beweis, daß die Eingabe aus den 12 Artikeln entstanden. Allein diese Thatsache läßt sich auch ohne eine solche Annahme befriedigend erklären. Die memminger Bauern forderten nämlich an erster Stelle die freie Wahl und Abhängigkeit des Pfarrers von der Gemeinde. Naturnothwendig müssen sie darum, wie sie mit dieser Forderung alle Patronatsrechte vernichten, auch die Lasten der Patronatsherrn übernehmen, sie müssen also für den Unterhalt der Pfarrer selbst sorgen, welcher in Folge der höchst zahlreichen Incorporationen der Kirchen und der Verweltlichung des Pfarrwiddums und Zehnten größtentheils auf Klöster, Herren und Stiftungen lastete. Die Bauern erklären deßhalb in demselben Satze, in dem sie principiell das Recht der Pfarrerwahl verlangen, principiell ihre Pflicht, die Geistlichen zu unterhalten. Dieses Recht wollen sie aber auch da, wo zum Unterhalte der Pfarrer der Zehnten noch erhalten war. Da sie aber die gänzliche Abschaffung des Zehnten begehren, so wiederholen sie zugleich ihr Anerbieten, den Pfarrer auch da, wo die Zehnten für diesen wegfallen, zu ernähren. Diese Wiederholung weist klar darauf hin, wie sehr die Bauern an dem Rechte der Pfarrerwahl, mit dem allerdings das göttliche Recht eng verbunden war, festzuhalten gesonnen waren.

Stern vermag, das möchte die bisherige Untersuchung nahe legen, nicht mit genügenden Gründen nachzuweisen, daß die 12 Artikel das Original der Eingabe sind. Sollte etwa umgekehrt letztere jenen als Vorlage gedient haben? Oder hatten beide ein gemeinsames Original? Letztere Frage ist zu verneinen, weil sich durch ihre Annahme nicht erklären läßt, auf welche Weise in die 12 Artikel, die an Niemanden gerichtet sind, an eine bald zu besprechende Stelle die Anrede:

ihr kam, und zwar an eine Stelle, an der in der Eingabe diese Anrede völlig berechtigt steht. Die erstere Frage aber möchte ich bejahen. Triftige Gründe sprechen dafür, daß die Eingabe das Original der 12 Artikel sei.

Beide Aktenstücke weichen in zwei Artikeln wesentlich von einander ab. Während die zwölf Abschaffung des Todfalls und Uebergabe aller nicht erkauften und ererbten Waldungen an die Gemeinde wollen, so spricht die Eingabe von ersterm gar nicht und will, was die zweite Forderung betrifft, nur, daß man der Gemeinde die ihr im Laufe der Zeit entfremdeten Waldungen zurückgebe. Erstere gehen also viel weiter als die Eingabe. Das scheint nur durch die Annahme erklärbar zu sein, daß die Eingabe die Priorität vor den zwölf Artikeln hat, denn anderenfalls hätten die memminger Bauern auf zwei Forderungen von vorne herein verzichtet, die von hoher Bedeutung waren. Der Waldartikel schuf ja für die Gemeinden eine Quelle großen Reichthums, und darauf sollten die memminger Bauern, welche in ihren Forderungen nicht zu bescheiden sind, verzichtet haben? Das ist nicht glaubwürdig. Ebenso steht es mit dem Todfall. Die Eingabe will auch Beseitigung der Leibeigenschaft. Nun ist der Todfall eine Abgabe, die selbst im Sterben noch den Bauern an seine Knechtschaft erinnerte und die verhaßt war, wie keine der vielen feudalen Lasten. Wenn also die Eingabe nicht Original, sondern Tochter der 12 Artikel ist, so ist es geradezu unbegreiflich, wie die memminger Bauern einerseits die Leibeigenschaft abschaffen wollen, anderseits aber die schmählichste Abgabe derselben, gegen die in allen Theilen Schwabens das Volk schon so lange kämpfte, auch nicht einmal andeuteten, obwohl ihre Vorlage dieselbe beseitigen will. Dieses Stillschweigen wäre aber nicht zufällig, sondern absichtlich, weil die Eingabe an die Stelle des Todfallartikels einen andern, den Ehrschatz betreffenden, setzte.

Außer diesen materiellen Gründen bewegen mich auch formelle zur Annahme, daß die Eingabe Original sei. Der dritte der zwölf Artikel nämlich enthält die Stelle: „seinen auch on Zweifel, ir werdent uns der eigenschaft als war und recht christen gern entlassen." Dieses: „ir" befindet sich genau an demselben Platze in der Eingabe, wo damit gewiß der memminger Rath gemeint ist, dagegen ist dasselbe in den 12 Artikeln durchaus sinnlos, weil dieses Niemand anreden. Mit Cornelius muß man deßhalb behaupten, der Schreiber der 12 habe es kritiklos aus der Eingabe herübergenommen. Stern selbst kann diese Ansicht nicht widerlegen und meint nur, er könne auf dieses einzige Wörtchen seine Ansicht von dem Verhältnisse der 12 Artikel zu der Eingabe nicht bauen und gegen alles andere die Augen schließen. Da aber seine andern Gründe nicht stichhaltig sich erprobten, so wird jenes eine Wörtchen gar sehr von Gewicht sein. In demselben Artikel wendet sich die Eingabe noch einmal in der zweiten Person an den Rath, wenn sie sagt: „Fürs Drit, so ist bisher im brauch gehalten worden, daß wir fur e w e r aigen leut gehalten worden sein." Die entsprechende Stelle der 12 Artikel lautet: „Zum Dritten, ist der brauch bisher gewesen, das m a n uns fur y h r eygen leut gehalten habe." Stern meint (p. 129), man werde zugeben, daß das: „yhr" verbunden mit dem: „man habe" zwar richtig, aber nicht recht glatt lautet, und daß es verzeihlich war, diese ungeschickte Ausdrucksweise zu deuten: „daß man uns für e u r e Eigenleute gehalten habe," wie dieß die memminger Artikel in veränderter Form thun. Allein jene Stelle lautet nicht nur nicht glatt, sondern ist sprachwidrig, denn nach deutschem Sprachgebrauche kann das Pronomen: „ihr" nicht zu dem unbestimmten: „man" gestellt werden. Hiefür ist bezeichnend, daß ein Exemplar der 12 Artikel, welches Bullinger in seine Reformationsgeschichte aufnahm, jene Stelle verbesserte, indem dasselbe (oder Bullinger selbst) derselben folgende Form gab: „das s y uns für ir eigen leut gehalten habend."[37]) Jetzt kann sich „ihr" auf das Subjekt: sie, d. h. die Herren beziehen. Diese Aenderung ist offenbar eine Conjektur, weil alle andern Exemplare obigen Text bieten. Dieser aber wird allein erklärlich, wenn die Eingabe sein Urbild ist und der Schreiber der Artikel das „euer" der Eingabe, welches er nicht brauchen konnte, in das allgemeine Pronomen der britten Person: „ihr" abstumpfte, nur um den Originaltext zu behalten und die direkte Anrede zu umgehen. Formelle und materielle Gründe also reden für die Originalität der Eingabe. Auch die Vergleichung derselben mit den zwölf war nicht dagegen. Die Eingabe ist logisch in ihrem Inhalte, in Form und Begründung aber mangelhaft, während die 12 Artikel, obwohl keineswegs vollkommen, doch besser in ihrer Gestalt sich zeigen, wie es ihr Zweck, Programm einer größern Bauernschaft zu sein, erfordert. Absichtlich hat ihr Verfasser sie darum von den Mängeln der denselben zu Grunde liegenden Eingabe befreit und ihnen die Gestalt gegeben, in der sie befähigt schienen, ihren Zweck zu erfüllen.

Es erübrigt noch zu untersuchen, ob die memminger Eingabe, welche das Original der 12 Artikel ist, nicht auch ihrerseits ein drittes

Aktenstück vor sich hatte. Damit stehen wir vor der Frage nach ihrem Ursprung und Urheber.

Der memminger Rath hatte am 24. Febr. seinen Dörfern das göttliche Recht nach Inhalt und Laut des reinen Wortes als Grundlage und Richtschnur zugestanden. Auf dieses Zugeständniß hin reichten jene ihre Eingabe ein.³⁸) In dieser forderten sie: freie Wahl und freies Absetzungsrecht des Pfarrers für die Gemeinde, Abschaffung des Zehntens, der Leibeigenschaft, freie Jagd und Fischenz, Verringerung der Frohnden, Gilten und Geldbußen, Zurückgabe der den Gemeinden entzogenen Wälder, Aecker, Wiesen und Gerechtigkeiten, Erleichterung der Lehengefälle und Verwendung derselben zum Nutzen der Gemeinden, endlich Minderung des Drucks in allen Verhältnissen. Diese Forderungen sind von denjenigen der andern Bauerschaften ihrem Inhalte nach nicht verschieden, in ihrer Form und Begründung aber weichen sie principiell von denselben ab. Während die kaufbeurer, oberdorfer, kißlegger Artikel schüchterne Versuche sind, die Beschwerden durch das göttliche Recht zu beseitigen, stehen die memminger Bauern zu derselben Zeit auf einem entschieden evangelischen Boden. Ihr einziger Rechtsgrund, das Princip, auf und mit dem ihre Ansprüche stehen und fallen, ist das Evangelium. Darum begnügen sie sich nicht, wie der allgäuer Bund am 24. Febr. es that, mit einer allgemeinen Hinweisung auf das göttliche Recht, sondern sie wiederholen bei jeder Einzelforderung aufs neue, daß sich deren Berechtigung auf die heilige Schrift, das neue Testament, die Schriften des heiligen Paulus gründe. Darum stellen die Memminger an die Spitze ihrer Artikel die freie Pfarrerwahl; darum sagen sie zuletzt, daß der volle Inhalt ihrer Forderungen mit den Artikeln der Eingabe noch nicht endgiltig festgestellt sei, sondern glauben, derselbe könne wachsen, sobald bei eingehenderem Studium der heiligen Schrift dieses neues Licht auf ihre Lage werfe. So sehr hängen sie an ihrem Principe, daß sie consequent sogar versprechen, auf alles zu verzichten, was dem Evangelium etwa bei tieferm Verständnisse widersprechend befunden werde, daß sie ihre Forderungen erst stellten, als ihr evangelisches Princip vom Rathe angenommen war. Deßhalb sind ihre Artikel principiell von den gleichzeitigen der übrigen Bauern verschieden. Letztere handeln a posteriori: zuerst machen sie Artikel, stellen Forderungen und begründen diese durch das Rechtsherkommen, erst später tritt neben und vor das Gewohnheitsrecht als weitere Begründung das göttliche Recht. Die Memminger hingegen handeln a priori: voran stellen sie ihr Princip und erst dann machen sie Artikel, welche darum nur die Declaration des göttlichen Rechts sind, wie die memminger Dörfer es am 24. Febr. verstanden. Nur allein bei den Baltringern trafen wir gleichzeitig diesen Standpunkt, da aber diese am 26. Febr. ihr Princip noch nicht in Artikeln entwickelt hatten, so muß die Eingabe durchaus als ein unabhängiges Original bezeichnet werden. Das dürfte noch mehr erhärtet werden durch die Frage nach dem Urheber der Eingabe.

Der Stoff derselben stammt ohne allen Zweifel von den Bauern selbst; diese Frage reducirt sich daher auf die Untersuchung, wer unter jene das Princip des Evangeliums gebracht, und wer die Eingabe so, wie wir sie besitzen, redigirt habe. Mit Cornelius wage ich zu behaupten, daß der Mann, welcher das Princip unter den Bauern zum Siege brachte, welcher also der intellektuelle Urheber ihrer Eingabe ist, Christoph Schappeler sei. Der Beweis hiefür liegt in seinem Verhalten gegenüber der Volksbewegung, wie ich es oben zu schildern versuchte. Dagegen kann ich nicht annehmen, daß er die Eingabe endgiltig redigirt habe; als den Autor derselben vermuthe ich den baltringer Feldschreiber Lotzer. Keßler berichtet nämlich, daß man Lotzer dem Ulrich Schmid als einen Mann nannte „der geschickt sei, die sach nach vermugen Gottes wort utzesprechen, all die in ain summ und Ordnung zu stellen" und daß man ihn als „ein erfarner gesellen sollicher bingen halb" bezeichnete. Das dürfte wohl den Sinn haben, daß er bereits einmal das göttliche Recht in Artikel gebracht, weil man ihn geradezu in dieser Arbeit erfahren nennt. Wie aber eben gezeigt, ist das einzige in Artikel gebrachte göttliche Recht die Eingabe, folglich wird man nicht umhin können, Lotzer als den Verfasser der Eingabe anzunehmen, soweit eben Bauernartikel einen Verfasser haben. Die Sprache der Eingabe zeigt, daß diese nicht von den Bauern selbst redigirt ist, denn sie redet nicht (wie die von den Bauern verfaßten allgäuer Artikel z. B.) das Idiom Oberschwabens, sondern die Sprache, welche damals in den Druckschriften gebraucht wurde. Ihr Stil aber ist auch wieder so mangelhaft, daß die Vermuthung sehr nahe liegt, der Verfasser der Eingabe habe noch wenig Uebung in der beginnenden Schriftsprache sich erworben gehabt. Diese Sprache aber mit all ihren Mängeln tritt uns in den Schriften Lotzers entgegen. Alle Schriften desselben sind in schlichter, zuweilen holperiger Sprache verfaßt, und genau dieselbe Ausdrucksweise zeigt sich in der Eingabe: eine ungefüge, aber verständliche und herzliche Darstellung ist ihr, wie Lotzers Schriften eigenthümlich.

Lotzer dürfte darum als der Mann zu nennen sein, welcher die Eingabe, nachdem sie von der memminger Bauerschaft angenommen worden war, endgiltig zusammenstellte. Im Hinblicke darauf, daß Lotzer am 6. März in die Bundesordnung (welche dieselbe Sprache mit der Eingabe redet) die Grundforderung der letztern, die Pfarrerwahl, hineintragen und das göttliche Recht in evangelischem Sinne ausgelegt wissen wollte, möchte ich ihn auch als denjenigen nennen, welcher dem Bauernparlamente, das eben das göttliche Recht aussprechen sollte, die Eingabe als Schema für diese Arbeit vorlegte. Mit dieser Behauptung stehe ich vor der Prüfung der oben angenommenen Ansicht, ob denn die zwölf Artikel wirklich das Werk der christlichen Brüderschaft seien, da Stern, obgleich er die oben angeführte Stelle aus der Urkunde des Schenken von Limpurg kennt, dieses verneint (p. 135), weil die 12 Artikel nirgends sich als Erzeugniß der christlichen Brüderschaft ausgeben. Dieser Einwand scheint jedoch wenig zu beweisen, denn auch die allgäuer Artikel, die Bundesordnung und die Landesordnung geben sich keineswegs als Aktenstücke der allgäuer, resp. der christlichen Vereinigung aus. Sie nennen sich nur Artikel „aller Haufen, so sich im Namen der heiligen Dreifaltigkeit verbunden" oder „der Vereinigung im Lande sonder im Oberlande." Niemand wird aber ihren Zusammenhang mit genannter Vereinigung im Ernste verneinen. Auch der anderweitige Einwand Sterns ist leicht zurückzuweisen. Stern folgert nämlich aus dem Schweigen Keßlers über die 12 Artikel, wo er von dem Bauernparlamente redet, daß sie nicht von diesem herstammen. Dieses Schweigen ist aber leicht zu erklären. Keßler erzählt nur, was er weiß. Seine einzige Quelle ist die Mittheilung Lotzers (und allenfalls Schappelers). Beide aber hatten Gründe genug von den 12 Artikeln zu schweigen. Keßler berichtet darum ausführlich nur über die erste Bauernversammlung am 6. und 7. März, also über die Zeit, als das Evangelium unter den Bauern siegte, und berichtet von den weitern Ereignissen und Kriegsthaten nicht viel.

Außer der limpurgischen Angabe giebt es auch noch andere positive Beweise, daß die 12 Artikel die Arbeit der christlichen Vereinigung sind. Sie tauchen zuerst in deren Gebiete zu Oberdorf auf, ausdrücklich Artikel des dortigen Haufens genannt. Da wir aber wissen, daß gemäß der Bundesordnung die gemeinsame Forderung der Vereinigung das göttliche Recht ist, und jener Haufen eine Aussprache desselben seine Artikel nennt, so müssen diese, d. h. die zwölf das gemeinsame Werk der Vereinigung sein. Weißenfelder, der bayerische Bundesrath zu Ulm, nennt dieselben ebenfalls „Bauernartikel, durch deren Annahme von Seiten der Herren es möglich werde, desto daß von einem Frieden zu reden." Weil der schwäbische Bund nur mit den Oberschwaben unterhandelte, so wird durch Weißenfelder abermals bewiesen, daß die 12 Artikel das Werk der christlichen Vereinigung waren. [39])

Die Untersuchung ergab also, daß die 12 Artikel höchst wahrscheinlich aus der memminger Eingabe entstanden, durch Lotzer der Bauernversammlung bekannt gegeben wurden und von dieser wesentlich als die Gesammtheit ihrer Forderungen angenommen ward. Also kaum acht Tage hatten genügt, um die evangelische Auffassung, welche am 6. März von den Bauern verworfen worden, zur allgemeinen Annahme zu bringen und eine durchaus evangelische Aussprache des göttlichen Rechts zum gemeingiltigen Programme des oberschwäbischen Bauernbundes zu machen!

Ganz unverändert blieb aber die Eingabe bei ihrer Metamorphose in das Bauernprogramm nicht; jedoch sind alle Aenderungen, welche sie erlitt, nicht principieller, sondern praktischer Natur, und alle dienen dem Zwecke, die Lage des Landvolks möglichst günstig zu gestalten. Eine solche Verbesserung mußte sich der Waldartikel der Eingabe gefallen lassen. Hatte diese nur die Zurückgabe der den Gemeinden entfremdeten Wälder gefordert, so verlangte der Waldartikel der zwölf, daß alle nicht erkauften oder ererbten Waldungen sofort, diejenigen, auf welche Private Rechtstitel hätten, gegen Entschädigung an die Gemeinden übergehen sollten. Für die memminger Bauern mochte diese Forderung nicht so nahe liegen, [40]) weil der Stadtrath derselben dadurch zuvorgekommen war, daß er den Gemeinden an bestimmten Orten das Holzungsrecht einräumte. Hochwichtig aber war dieselbe für die Allgäuer und Seebauern, deren Lande damals noch überreich mit Waldungen bedeckt waren. Die Eingabe hatte ferner verlangt, daß die Güter lediglich mit dem einmal festgestellten Ehrschatz belastet seien, und hatte nur gebeten, daß der Lehensherr auf seine Bauern Rücksicht nehme, also bei Hagelschlag oder Mißwachs die Gilten nachlasse; der achte Artikel der zwölf aber forderte, um alle Bedrückung von vorne zu verhindern, daß die überlasteten Güter von ehrbaren Leuten neu geschätzt würden. Darum ist in den 12 Artikeln der sechste der Eingabe (welcher den Ehrschatz regelt) überflüssig, an seine Stelle setzten jene die Aufhebung des Todfalls, von dem auffallend genug die Eingabe gänzlich schweigt, denn Ehrschatz ist nicht, wie Stern (p. 121, Anm. 3) meint, mit dem Todfall gleich. Ersterer ist im Allgäu und Oberschwaben eine dingliche Last, welche auf dem Gute lastet und von jedem, welcher dasselbe bezieht, bezahlt werden muß mag er frei oder leibeigen sein. In den Urkunden, deren ich hunderte in den Archiven von Wangen, Kißlegg, Wolfegg, Ratzenried u. s. w. las, wird das Laudemium darum geradezu als Kaufpreis behandelt, für den der Eigenthümer sein Gut an den Lehensmann verkauft. Todfall aber ist eine persönliche Last, welche auf dem Leibeigenen als solchem lastet. Freie Lehensmänner werden demselben darum nur dann unterworfen, wenn sie sich demselben in dem Bestandbriefe durch ausdrücklichen Vertrag unterziehen, was allerdings schon im 15. Jahrhunderte vorkam und von Mitte des 16. Jahrhunderts an in Oberschwaben Regel ward, so daß im 17. Jahrhunderte der Todfall als eine dingliche Last erscheint.

Auch der Zehentartikel wurde zu Memmingen verändert. Die Eingabe hatte Aufhebung des ganzen Zehnten gefordert, die zwölf Artikel hingegen wollen nur Beseitigung des Kleinzehnten. Die christliche Vereinigung war ein Defensivbündniß, das aber, weil am 6. März das Steuerrecht abgeworfen worden war, seine Bundeszwecke nicht bestreiten konnte. Darum ward jetzt der Großzehnten gleichsam als Fond bestimmt, aus dem alle Bedürfnisse des Bundes und der Gemeinden befriedigt werden sollten. Er wurde zum Unterhalte der Geistlichkeit, der Armen und zur Landesvertheidigung bestimmt.

Des Zusammenhanges wegen möchte es gut sein, hier den Inhalt des göttlichen Rechts, wie es von dem Bauernparlamente au Grund der memminger Eingabe officiell ausgesprochen wurde, kurz anzugeben. Dasselbe will voran freie Pfarrerwahl, Abschaffung des Kleinzehnten, Verwendung des großen zum Unterhalte der Pfarrer, Armen und zur Landesvertheidigung, Aufhebung der Leibeigenschaft, freie Jagd, freien Vogel- und Fischfang, Abtretung aller Waldungen an die Gemeinden, Erleichterung der Dienste, Wiederherstellung der alten und Abschaffung der neuen Strafen, Zurückgabe der entzogenen Mäder und Wiesen an die Gemeinden, Aufhebung des Todfalls. All das also faßt das Bauernprogramm kurz zusammen, was bisher schon die Haufen mehr oder weniger vollständig gefordert hatten. Diese Ansprüche aber gründet die Vereinigung nicht mehr auf das Rechtsherkommen, sondern nur auf das Evangelium, mit diesem stehen und fallen die einzelnen Artikel. Die 12 Artikel bezeichnen also den Sieg der evangelischen Richtung, welche noch am 6. März geschlagen worden war. Deren Häupter aber, damit nicht zufrieden, versuchten alsbald, ihre Ideen möglichst über die Bauern ringsum auszubreiten und als Werkzeug hiezu sollte ihnen eben das Bauernprogramm dienen. Darum wurden die 12 Artikel dem Drucke übergeben und planmäßig und ungemein rasch verbreitet. Hiezu aber war erforderlich, daß dieselben in abgerundeter Form, einfacher und allverständlicher Sprache mit möglichster Betonung ihres Fundamentalgrundes, also mit direkter Beweisführung aus der heiligen Schrift auftraten. Der Mann, welcher dieser Arbeit sich unterzog, die Artikel ordnete, verbesserte, sie in die damalige allgemeine Sprache übersetzte, und mit den Marginalien ausstattete, ist Christoph Schappeler. Er ist in derselben Weise, wie ich es von Lotzer oben in Betreff der memminger Eingabe vermuthete, der Verfasser, d. h. der Redaktor der zwölf Artikel. Holzwart, welcher in allem, was er über den oberschwäbischen Aufstand berichtet, vollständig mit den erhaltenen Akten übereinstimmt, versichert jenes mit ausdrücklichen Worten.⁴¹) Er sagt nämlich: „cum a rusticis cuidam praedicatori Memmingensi essent allata (scl. grauamina d. h. die 12 Artikel, die er soeben in lateinischer Uebersetzung gegeben und die nach seiner Behauptung von den Oberschwaben gemacht wurden), ipse detortis scriptaris, ut est uidere in marginibus, ea confirmauit et de suo multa adiecit." Nicht nur die Marginalien also verfaßte Schappeler, sondern auch noch Zusätze, die nur formell sein können, da wesentliche Aenderungen nur das Bauernparlament vorzunehmen berechtigt war. Ich möchte darum in diesen Zusätzen die sprachlichen Abänderungen und Einschiebungen erkennen, welche die 12 Artikel abgefeilter, abgerundeter und genauer machen, als die Eingabe. Mit den Druckexemplaren der 12 Artikel ist gewöhnlich eine Einleitung verbunden, die in Haltung und Sprache als eine Privatarbeit sich kund gibt, zu dem Zwecke unternommen, um die Bauern vom Vorwurfe der Empörung zu reinigen, ihr Beginnen als ernstliches und berechtigtes Streben nach dem Evangelium zu verherrlichen und damit für ihre Sache Propaganda zu machen. Ich vermuthe als Verfasser dieser Einleitung ebenfalls Schappeler, weil dafür Schappelers Wesen zu sprechen scheint. Ihm, dem begeisterten Reformator, war das Evangelium das alleinige Recht, und alles diesem Entgegengesetzte Unrecht, das zu beseitigen Pflicht des Christen ist, selbst wenn die Erfüllung dieser Pflicht die größten Drangsale, die ärgste Umänderung hervorriefe. Schon

1524 bestrebte er sich rücksichtslos seine Lehre, daß der Zehnten, weil gegen die hl. Schrift, abzuschaffen sei, praktisch durchzusetzen. Ueberall erscheint er als der Mann der eisernen Consequenz; ob er die tiefgehendste Gährung weckte, war ihm gleichgiltig. Diese Geistesrichtung ist der Maßstab, mit dem Schappelers Stellung zu den Bauern bemessen werden will. Er warnt sie, „mit dem Schwerte durchzubringen und Empörung zu machen," aber er findet sofort alle ihre Unternehmungen recht, sowie sie auf das göttliche Recht sich gründen. Sobald die Bauern das evangelische Princip zu dem ihrigen erhoben, steht Schappeler als getreuer Bundesgenosse auf ihrer Seite, bemüht mit ihnen das Evangelium zu verwirklichen. Als aber die Bauern jenes Princip zurücktreten lassen und zur Entscheidung des Schwertes greifen, kehrt er, ein enttäuschter Schwärmer, ihrer Sache für immer den Rücken, wie sein Brief an Zwingli (im Mai) zeigt.[42] Als die 12 Artikel entstanden, war er und die Bauern noch in vollster Eintracht; die Bauern wollten von Empörung noch nichts wissen, ihr Vorhaben war allein, das Evangelium als Richtschnur zur Beurtheilung ihrer Lage friedlich bei ihren Herren zur Anerkennung zu bringen. Deßhalb sah Schappeler in ihrem Thun nur ein rechtmäßiges und christliches Streben, dem auch er zum Siege verhelfen wollte, indem er den Text des Bauernprogramms verbesserte, die Marginalien schrieb und die Vorrede in apologetischer Absicht verfaßte.[43]

Der Zweck der 12 Artikel ist: die officielle Aussprache des göttlichen Rechts zu bilden, um die Richtschnur zu sein, mit der die Gelehrten und Frommen deutscher Nation das Verhältniß zwischen Herrn und Bauern zu ordnen haben, was Schmid bereits am 26. Februar klar ausgesprochen hatte. Die 12 Artikel sollten, wie die rappersweiler Hauptleute am 11. März verheißen, dem schwäbischen Bunde vorgelegt werden, und wie uns Holzwart mittheilt, wurden sie in der That dem Bundesrathe vorgelegt, ohne daß wir darüber weitere Nachrichten haben.[44] Zur Unterhandlung über die zwölf kam es jedoch zwischen Bund und Bauern nie, denn eine solche wäre erst dann möglich gewesen, wann der schwäbische Bund als Richter derselben die Hochgelehrten angenommen hätte, die ihm das Bauernparlament gemäß der Verhandlung vom 26. Februar vorschlug. Die Bauern erfüllten wirklich ihrerseits diese Vorbedingung und entwarfen eine Liste der Hochgelehrten, welche den Span nach Laut des göttlichen Worts entscheiden sollten. Schon am 18. März war diese Liste in Ulm officiell eingelaufen.⁴⁵) Es entspricht dem nun angenommenen evangelischen Charakter der Vereinigung, daß diese Liste, die spätestens am 17. b. M. entstanden sein kann, nicht nur aus den namhaften Reformatoren Oberschwabens besteht, sondern (nach dem Versprechen Schmids am 26. Febr.) in der That aus den Gelehrtesten deutscher Nation, natürlich der reformatorischen Richtung. Sie stellt als Richter auf: Luther, Melanchthon, Zwingli und seine Gesellen zu Zürich, Jakob Strauß zu Eisenach, Osiander zu Nürnberg, Billicanus zu Nördlingen, Mathäus Zeller und seine Genossen zu Straßburg, Sam zu Ulm, Brenz zu Hall, Alber zu Reutlingen, also die bedeutendsten Reformatoren, daneben aber Prädikanten, welche den drei Haufen bekannt waren: die Prädikanten bei den Barfüßern zu Augsburg, zu Riedlingen, zu Lindau im Kloster und zu Kempten auf dem Berg. Schappelers Name fehlt. Daraus aber möchte gerade zu schließen sein, daß er die Liste für die Bauern zusammenstellte. Der schwäbische Bundesrath aber genehmigte die Liste nicht und begann weitläufige Unterhandlungen mit den Bauern darüber, welche Männer als Richter aufzustellen seien, bis Truchseß Georg sein Heer an der Donau hatte und den Verhandlungen ein blutiges Ende bereiten konnte. Deßhalb kam es auch nie zu Auseinandersetzungen über die 12 Artikel zwischen Bund und Bauern. Das Bauernprogramm verfehlte also seinen ersten Zweck, desto besser aber gelang ihm, Propaganda für die christliche Vereinigung und ihre Sache unter dem deutschen Volke zu machen. Kaum vier Wochen nach ihrer Entstehung sind die 12 Artikel schon das Programm aller süddeutschen Bauerschaften. Daß sie jedoch einen so gewaltigen Einfluß erlangten, mögen sie nicht allein ihren Vorzügen verdanken, sondern wesentlich auch dem planmäßigen Streben ihrer Urheber, sie rasch und gleichzeitig nach allen Seiten zu verbreiten, ein Streben, das erfolgreich sein mußte, da es gerade dann auftrat, als überall in Oberdeutschland die Bauern in Aufregung waren. Die Artikel sprachen ja klar aus, was jene oft sich selbst unbewußt wollten. Planmäßig wurde die Propaganda betrieben: dafür spricht, daß die 12 Artikel, die Liste der Hochgelehrten und die Bundesordnung gleichzeitig gedruckt wurden⁴⁶) und kaum vier Tage nach dem Drucke die Artikel schon zu Ulm, Augsburg und München zu kaufen waren, und daß sie durch ihre massenhafte Verbreitung den bayerischen Herzögen schon im März schwere Besorgnisse erregten.⁴⁷) Auch die Bundesordnung muß raschen Absatz gefunden haben, weil balb nach dem 20. März eine neue Auflage, wie sich zeigen wird, nothwendig war.

Mit den 12 Artikeln verbreitete sich ein zweites Aktenstück, der sg. Artikelbrief, der mit ihnen in soferne in Zusammenhang steht, als er die Formel ist, durch die die Bauerschaften aufgefordert wurden, der christlichen Vereinigung beizutreten, wenn sie nicht der furchtbaren Strafe des weltlichen Bannes sich aussetzen wollten. Ueber den Verfasser und die Zeit der Entstehung dieses Artikelbriefes wurde viel gestritten. Stern (p. 78—86) glaubt, Hubmaier sei sein Verfasser, indem er sich abermals auf Faber beruft. Allein Fabers Angabe ist keine bestimmte, überzeugende, vielmehr erheben sich bei näherer Betrachtung auch hier gegen ihn und gegen Sterns Annahme große Bedenken. Der Artikelbrief ist, das zeigt seine Sprache und sein Inhalt, ein Kind des evangelischen Geistes, der in den 12 Artikeln lebt. Hubmaier kann ihn also nicht verfaßt haben, da diese Annahme zu denselben Schwierigkeiten führt, denen seine Autorschaft der 12 Artikel unterliegt. Ebensowenig kann der Artikelbrief von den Schwarzwäldern stammen, da sogar die fortgeschrittensten derselben, die Klettgauer, erst am 25. März das Princip offen bekannten, welches ihm zu Grunde liegt. Auch seine Heimat dürfte in Oberschwaben zu suchen sein. Hiefür spricht nicht nur, daß hier die evangelische Auffassung des göttlichen Rechts herrschte, sondern auch die Bestimmung des Artikelbriefs, welche alle Schlösser, Klöster und Stifter unter den weltlichen Bann stellt, wenn sie nicht das Princip des göttlichen Rechts annehmen. Das ist nur eine Weiterentwicklung des Schlösserartikels, welcher am 7. März in die Bundesordnung aufgenommen worden war. Auch ein äußerer Grund spricht für meine Ansicht. Bisher fand man den Artikelbrief nur im Schwarzwalde und erst nach dem 13. Apr.[48]) Derselbe findet sich aber auch unter den Baltringern. Pflummern berichtet nämlich, daß diese ihn zur Ausbreitung ihrer Brüderschaft benützten und bietet sogar eine Abschrift desselben[49]). Da aber der Baltringerhaufen schon in den ersten Tagen des Aprils für immer unterging, so muß der Artikelbrief spätestens Ende März entstanden sein und zwar in Oberschwaben, weil ein Einfluß fremder Bauern auf die Vereinigung nicht nachweisbar ist und der Artikelbrief auf die Bundesordnung sich stützt, welche den Eintritt in die Vereinigung nicht mehr dem freien Belieben der Bauern anheimgab. Da er aber evangelisch ist, so wird er wohl gleichzeitig mit den zwölf Artikeln entstanden sein. Mit diesen verbreitete er sich über Oberdeutschland, also auch in den Schwarzwald.

Das ist auch deßhalb glaubwürdig, weil die Vereinigung alsbald, als die Hoffnungen auf einen friedlichen Ausgleich schwanden, durch ihre Boten für eine Erhebung der Hegauer, Schwarzwälder und Wirtenberger thätig waren.[50]) Durch solche Boten mag der Artikelbrief Anfangs April in den Schwarzwald und zu Hubmaier, der ihn commentirte, gekommen sein.[51])

IV.

Die Unterhandlungen der christlichen Vereinigung mit dem schwäbischen Bunde bis zum 25. März.

Der schon oben erwähnte Streit zwischen Rath und Gemeinde zu Kempten hatte Mitte März einen so drohenden Charakter angenommen, daß der schwäbische Bund zur Beschwichtigung des Conflictes den Ritter Adam von Stein und Gordian Seuter, nunmehr Altbürgermeister von Kempten, als seine Commissäre dorthin abordnete.[1]) Während der erfolgreichen Thätigkeit dieser Gesandtschaft besprach sich Seuter mit allgäuer Hauptleuten und gewann die Ueberzeugung, daß trotz des memminger Parlamentes mit den Allgäuern eine Verständigung sehr wohl möglich sei. Nach Ulm zurückgekehrt, fand er alsbald im Bundesrathe Beifall, als er vorschlug, mit genanntem Haufen Separatverhandlungen zu pflegen.[2]) Sofort bevollmächtigte der Bundesrath Gordian Seuter und Heinrich Besserer, Bürgermeister von Ravensburg, mit den Allgäuern Unterhandlungen anzuknüpfen. Allein es zeigte sich alsbald, daß Seuter die Sache zu rosig angeschaut hatte; allerdings war eine ziemliche Zahl Allgäuer einem gütlichen oder rechtlichen Austrage nicht abhold, aber eine Trennung von den verbündeten Haufen wiesen sie entschieden zurück.[3]) Unverrichteter Dinge folgten die Bürgermeister am 20. März den allgäuer Hauptleuten von Kempten nach Memmingen, wo an genanntem Tage die dritte Bauernversammlung eröffnet wurde,[4]) offenbar in der Absicht, die Antwort des schwäbischen Bundes auf die Liste der Aussprecher des göttlichen Rechts entgegenzunehmen. Obwohl ohne Auftrag begannen in Memmingen die Gesandten in Verbindung mit dem Stadtrathe Unterhandlungen mit der chriſtlichen Vereinigung, ein Unterfangen, das dem ſchwäbiſchen Bunde nicht gerade erwünſcht kam, weil der Truchſeß in wenigen Tagen ſchon an der Donau ankommen mußte, und der Bund dann ſeine friedliche Maske fallen laſſen konnte. Daß die bündiſchen Geſandten eine ſolche Anmaßung, wie der erbitterte bayeriſche Bundesrath Weißenfelder ihr Beginnen nannte, ſich erlaubten, findet ſeinen Grund in der Lage der ſg. obern Städte. Ueberall trugen in dieſen die Gemeinden den Bauern ihre warmen Sympathien entgegen, überall gährte es in denſelben ſo, daß es außer allem Zweifel war, die Gemeinden würden, ſowie die Bauern mit Krieg überzogen würden, die Ehrbarkeit über die Mauern werfen und mit dem Landvolke gemeinſame Sache machen.[5]) Die Ehrbarkeiten hatten alſo das lebhafteſte Intereſſe, ſelbſt unter Opfern, mit den Bauern eine Verſtändigung herbeizuführen, und im Hinblicke auf dieſe Lage, darf man glauben, begannen Seuter und Beſſerer auf eigene Fauſt Unterhandlungen. Sie wurden von einem unerwarteten Erfolge belohnt. Selbſtverſtändlich zwar wies der Bauernausſchuß ihren erſten Vorſchlag zurück, die chriſtliche Vereinigung aufzulöſen, dagegen wurde ſchon am 20. März klar, daß die evangeliſche Richtung, welche am 15.—17. März durchgedrungen war, keineswegs eine geſicherte Stellung behauptete, ſondern neben ihr eine ſtarke conſervative Parthei ſich wieder erhob. Wie wir wiſſen, wies der ſchwäbiſche die Liſte der Richter über das göttliche Recht zurück. Wäre damals die evangeliſche Parthei noch allein beſtimmend geweſen, ſo hätte nach dieſer Verwerfung keine Rede von weitern Unterhandlungen ſein können. Es gelang aber den Geſandten — ein Beweis, daß die Gemäßigten den Evangeliſchen jetzt im Bauernausſchuſſe wieder gewachſen waren — die Bauernräthe am 20. März dahin zu bringen, daß ſie vorläufig auf eine rechtliche Entſcheidung nach Laut der hl. Schrift verzichteten, jene Liſte bei Seite legten und einer gütlichen Thätigung zuſtimmten. Ja der Bauernausſchuß entwarf eine neue Liſte von Männern, welche die Vereinigung gütlich mit dem Bunde ausſöhnen ſollten.[8]) Die Vereinigung ernannte zu Schiedsrichtern: Seuter, Beſſerer, den memminger Stadtrath (der ſich durch einen Ausſchuß vertreten laſſen ſollte) und Dr. Schappeler. Hatte die alte Liſte nur im Namen der Geſammtvereinigung Richter aufgeſtellt, alſo dieſelbe als Einheit aufgefaßt, ſo begegnen wir am 20. März ſchon einer Reaktion gegen dieſe Auffaſſung. Die neue Liſte enthält nämlich ausdrücklich auch Richter, die von den drei Haufen einzeln aufgeſtellt wurden. Die Bodenſeer ernannten hiezu vier Laien, die Baltringer fünf Laien und zwei Prädikanten, die Allgäuer zehen Laien (darunter den berüchtigten Fuchssteiner von Kaufbeuren) und einen Prädikanten. Die ungleiche Anzahl von Richtern scheint auf das Größenverhältniß der drei Haufen hinzudeuten, so daß die Baltringer zweimal, die Allgäuer dreimal stärker waren als die Bodenseer, was deren Gebieten entspricht. Höchst auffallend aber ist in der neuen Liste, daß die Seebauern keinen, die Allgäuer einen, die Baltringer aber zwei Prädikanten als Richter vorschlugen, die nach Keßler ausdrücklich in die Liste gestellt wurden,[7]) um bei der gütlichen Thätigung das Princip des göttlichen Rechts zu wahren und zu verhüten, daß etwas vorgetragen werde, was ihm nicht entspreche. Dieses auffallende Verhältniß kann ich nur durch die Annahme erklären, daß das Evangelium unter den Seebauern und Allgäuern wenig oder keinen Anhang gefunden, sondern daß sie gerade die Opposition gegen jene Richtung bildeten, welche am 15. März der Vereinigung den evangelischen Charakter aufgeprägt hatte und welche schon am 7. März unter den Baltringern herrschte. Allein auch diese Liste wurde bereits am 20. März wieder verändert. Die Evangelischen mußten erleben, daß alle Prädikanten, sogar Schappeler (auch Fuchssteiner), von derselben verschwanden.[8]) Es war nur ein nothdürftiger Ersatz für diese Niederlage, daß der Ausschuß beschloß, keinen endlichen rechtlichen Austrag zu bewilligen, soferne die gütliche Thädigung keinen Erfolg habe.

Das Bauernparlament machte also die Anerkennung des Evangeliums als alleiniger Rechtsquelle nicht nur nicht zur Grundlage einer Unterhandlung, sondern es ließ sich sogar überrasch zu obigen Zugeständnissen verleiten, ohne zu wissen, ob die Vereinigung vom schwäbischen Bunde anerkannt werde, ohne klar auszusprechen, worüber denn gütlich gethädigt werden solle, ja ohne daß die beiden Gesandten versichern konnten, ob der Bund überhaupt mit der Vereinigung unterhandeln wolle. Letzteres sollten die Bauernräthe ihrerseits erforschen. Sie beschlossen deßhalb auf den Antrag der beiden Bürgermeister, einen Ausschuß von sechs Männern, je zwei aus einem Haufen, gen Ulm zu senden, welche mit dem Bunde verhandeln sollten, ob dieser eine gütliche Thädigung auf der soeben genannten Grundlage genehmige.[9]) Alles das verräth, wie mächtig die gemäßigte Parthei war, sie wurde aber nicht nur gegen die evangelische, sondern auch gegen die radikale Richtung am 20. März Sieger. Die Bauernversammlung beschloß nämlich, den Artikel der Bundesordnung (die Besetzung der Schlösser und Klöster betreffend) bis zum Ende der gütlichen Unterhandlung außer Kraft zu setzen, wogegen die Gesandten in Aussicht stellten, daß auch der schwäbische Bund mittlerweile nichts gegen die Bauern vornehmen werde. ⁹) Glücklicher Weise kennen wir noch die Ursache dieser unerwarteten Wendung im Bauernausschusse: diese bewirkte das Vertrauen desselben auf den Erzherzog Ferdinand. An diesen hatten sich die Allgäuer am 5. März gewandt, am 9. März hatte er ihnen geantwortet, er wolle, wenn sie sich des Aufruhrs enthielten und einen Ausschuß bevollmächtigten, um sie genügend zu vertreten, mit dem schwäbischen Bunde einen Tag ansetzen und ihre Sache gütlich oder rechtlich zum Austrage bringen. ¹⁰) Jetzt, da die Besonnenern unter den Bauernräthen wohl erkannt, daß die lozerische Richtung vom schwäbischen Bunde nie anerkannt werde und andererseits das Wachsen der radikalen Parthei — bereits wurden Stimmen laut, die Bauern müßten auch einen Kaiser sich zu setzen ¹¹) — sie erschreckte, suchten sie die Bewegung aufzuhalten, griffen darum auf die Vermittlung des populären Erzherzogs zurück und setzten ebenfalls am 20. März die Annahme einer Instruktion für die sechs Gesandten durch, welche am 22. März in Ulm eintreffen sollten. ¹²) Diese Instruction ¹³) schrieb den Gesandten vor, auf einer gütlichen Unterhandlung nach dem Vorschlage des Erzherzogs stehen zu bleiben. Sollte jedoch der Bund darauf nicht eingehen, so sollten jene sogar sich zu einem endlichen und rechtlichen Austrage verstehen, aber nur auf Grund des göttlichen Rechts. Für diesen rechtlichen Austrag stellte die Instruktion als Richter auf (für die gütliche Unterhandlung galt die oben besprochene zweite Liste): den Erzherzog als kaiserlichen Statthalter mit zwei christlichen Lehrern, den Churfürsten Friedrich von Sachsen mit Luther und Melanchthon (oder Pommeranus), die Städte Nürnberg mit den christlichen Lehrern Osiander und Schleupner, Straßburg, Zürich und Lindau mit je einem oder zwei christlichen Lehrern. Diese Zusammensetzung dürfte (verglichen mit der ersten jetzt endgiltig beseitigten Liste) dafür reden, daß die evangelische Parthei auf dem Wege des Compromisses die neue Liste mit der gemäßigten verfaßte, um durch diese Nachgiebigkeit das bedrohte Evangelium zu retten, denn das war wohl klar, daß nach Beseitigung der Prädikanten aus der Liste der gütlichen Thätiger diese ihren Standpunkt nicht wahren würden. Sollte aber der Bund, fährt die Instruktion fort (damit auch die eben verfaßte Liste preisgebend), auch diese ablehnen, so möge er seinerseits Richter vorschlagen, über deren Annahme die Bauernversammlung aber die Entscheidung sich vorbehält.

Wie die zweite, so veröffentlichte auch die dritte Versammlung ihre Beschlüsse. Eine neue Ausgabe der Bundesordnung wurde von ihr veranstaltet, und dieser die eben erwähnte Instruktion und der Beschluß beigedruckt, welcher den Schlösserartikel suspendirte. ¹⁴) Obgleich der Bundesrath die Unterhandlungen der Bürgermeister nicht gerne gesehen, so billigte er doch den Erfolg derselben. Als die Bauerngesandten am 22. März in Ulm nicht eintrafen, angeblich weil der Bund auf die Bauern einen Angriff gemacht habe, erklärte er jenen durch Vermittlung der Stadt Memmingen, er wisse von keinem Angriffe und wünsche die Ankunft der Gesandten, weßhalb er ihnen freies Geleite zusicherte. ¹⁵) Jetzt kamen die Gesandten nach Ulm, deren Thätigkeit für die Vereinigung noch mißlicher werden sollte, als die der dritten Versammlung. Schon ihren ersten Auftrag, den Vorschlag einer gütlichen Unterhandlung gemäß der Vorlage des Erzherzogs, ließen sie fallen, als der Bund darauf nicht einging. An seine Stelle setzte der Bundesrath (was die Bauern merkwürdig genug versäumt hatten) die Feststellung der Art und Weise, wie zwischen den Herrn und Bauern verhandelt werden solle. Hiebei wurde klar, daß der Bund weit entfernt davon war, die Vereinigung oder das göttliche Recht anzuerkennen. Letztere mußte vor allem ihre Anerkennung durchsetzen und darum nur eine Unterhandlung zwischen ihr als Einheit und den Herrn annehmen. Dagegen wollte der Bund nur eine Unterhandlung zwischen den einzelnen Gemeinden und Obrigkeiten, ignorirte also vollkommen alles, was die Bauern seit dem 26. Febr. gethan hatten. Hielten ferner diese an dem göttlichen Rechte als Richtschnur bei einem rechtlichen Antrage fest, so wollte jener ganz consequent den Streit nur nach dem Rechtsherkommen schlichten lassen. Eine unübersteigliche Kluft lag darum zwischen den Unterhandelnden. Trotzdem kam es am 25. März zu einem Resultate, denn die Bauernvertreter wagten gar nicht weiter ihre Instruktion zu beobachten, sondern nahmen alsbald die Vorschläge an, welche abermals Seuter und Besserer im bündischen Sinne machten. ¹⁶) Zwischen einer jeden Herrschaft und deren Unterthanen, lauteten diese Vorschläge, solle ein Schiedsgericht von vier weltlichen Männern, die von den streitenden Partheien je zu gleichen Theilen gewählt würden, gütlich entscheiden. Scheitere dieser Versuch, so sollen die vier Schiedsrichter sich als endlichen und rechtlichen Gerichtshof constituiren, indem sie sich selbst einen Obmann wählen oder ihn durch das Loos oder den schwäbischen Bund sich setzen lassen. Was dieses Gericht nun spreche, bei dem sollen beide Partheien unwiderruflich bleiben. Nach Annahme dieses Vorschlages müsse sich die Vereinigung sofort auflösen und ihre Glieder müssen sich verpflichten, bis zum endlichen Austrage alle hergebrachten Leistungen ohne Widerrede zu erfüllen. Jedoch müsse die Entscheidung längstens nach einem halben Jahre getroffen sein. Die Herren müssen volle Amnestie geloben. Die Vereinigung aber müsse b's zum 2. April diesem Vorschlage beistimmen und wenn sie dies thue, einen Ausschuß mit genügender Vollmacht zur Ratificirung und Ausführung dieses Compromisses nach Ulm senden. Bis dahin machen sich Bund und Bauern verbindlich, mit thätlicher Handlung stille zu stehen.

Mit Annahme dieser Bestimmungen ist das ganze Streben der Vereinigung vernichtet: das göttliche Recht verworfen, die am 7. März verfügte Suspendirung der Gefälle und Abgaben aufgehoben, die Vereinigung beseitigt und die Entscheidung thatsächlich in die Hände des schwäbischen Bundes gegeben. Und dennoch bewilligten die Bauerngesandten ohne Rücksicht auf ihre Instruktion diesen Vertrag. Damit aber vernichteten sie mit einem Schlage alle Erfolge der gemäßigten Parthei, die ohnehin unter den Haufen immer mehr Boden an die radikale verlor. Seit Mitte März hatten die Haufen, ohne Rücksicht auf die Berathungen in Memmingen, in ihrer Weise die Bundesordnung ausgeführt. Mit großer Mühe hielt sich gegen den Seehaufen Weingarten,[17]) gegen die Allgäuer das wichtige Trauchburg.[18]) Ueberall mußte der Klerus der Vereinigung beitreten,[19]) überall wurden die Knechte, welche die Burgen besetzt hielten,[20]) von den Bauern unschädlich gemacht, überall wurden die Landleute, welche sich noch nicht an den Bauernbund angeschlossen, zum Anschlusse gezwungen.[21]). Durch diesen Terrorismus wuchs die Vereinigung lawinenartig. Am 19. März erhob sich das Mindel- und Kamlachthal; 6000 Mann stark lagerten diese Bauern zu Kirchheim und gründeten den berüchtigten „rothen Haufen." Gleichzeitig traten die Bauern der sg. Straße in Buchloe zu einem Haufen zusammen, der am 26. März, verstärkt durch die Unterthanen der Grafschaft Schwabegg, in die Vereinigung eintrat.[22]) Am 19. d. M. besetzte der oberdorfer Haufen die Burg Stetten.[23]) Auch der baltringer Haufen wuchs gewaltig: das untere Jllerthal, die Herrschaften Jllertissen und Babenhausen standen auf, ebenso die Bauern der Abtei Roggenburg, bis in die Reischenau verpflanzte sich die Bewegung, deren Mittelpunkt an der Donau und im Burgau Leipheim war.[24]) So unwiderstehlich war diese Bewegung, daß sogar die Bauernräthe in Memmingen schon am 22. März ihren Beschluß vom 20sten desavouirten und Füssen mit Krieg bedrohten.[25]) Deutlich erkennt man, daß unter den Haufen ein anderer Geist herrscht, als in den memminger Versammlungen. Die Nachricht vom Anzuge des bündischen Heeres, von den bayerischen Rüstungen am Leche hatten in den Haufen die doktrinäre evangelische und die gemäßigte Parthei um ihr Ansehen gebracht; während diese den Sturm durch Nachgiebigkeit gegen den schwäbischen Bund beschwören wollte, waren die Haufen zum Kriege entschlossen. Der 25. März mußte darum die rabikalen Elemente an das Ruder bringen. Am deutlichsten zeigt sich das im baltringer Haufen, schon am 26. März brach hier der Sturm los. Diese Bauern, welche bisher unter Schmid und Lotzer so sehr am Evangelium gehangen und Waffengewalt vermieden hatten, erstürmten, plünderten und verbrannten die Burgen Laupheim, Achstetten, Schemmerberg, Sulmentingen und Bühel, zwangen die Abteien Ochsenhausen, Heggbach, Gutenzell, Marchthal und Wiblingen in ihren Bund (27.—29. März) und nöthigten sie zur Lieferung von Waffen und Getreide.[26]) Ulrich Schmid mußte all sein Werk vom Sturme vernichtet sehen, und nur mit Noth entrann er der Gefahr, in den Spießen derselben Bauern, welche ihn vor Kurzem königlich geehrt, sein Grab zu finden.[27])

Auch im Allgäu kam es nach dem 25. März zu gleichen Scenen. Am 25. Mz. lagerten die Allgäuer in Buchloe, Oberdorf, Ried (wohl Rieden bei Füssen) und vor Memmingen.[28]) Kaum konnte die Nachricht von den Vorgängen in Ulm unter ihnen verbreitet sein, als auch sie ihre Antwort durch ihre Thaten gaben. Sie nahmen und plünderten die Abteien Ottenbeuren und Irrsee, die Burgen Ronsberg und Stein (28.—31. März).[29]) Auch in den Städten rührten sich die Gemeinden. Am 25. d. M. setzte die von Leutkirch die Annahme eines Prädikanten durch,[30]) in allen Städten schwand zu Ende des Monats dem Rathe die Macht aus den Händen. Soweit war es bereits gekommen, daß die Bauern aus Memmingen, Kempten, Kaufbeuren, Isny, Leutkirch, Biberach, Ulm, ja selbst aus dem altgläubigen Wangen Ueberläufer, Waffen und Lebensmittel durch die Gemeinden bekamen.[31]) Was sollte erst geschehen, wenn der Bund einen Angriff auf die Bauern wagte? Diese Lage bewog die Ehrbarkeit der obern Städte noch einen Versuch zu machen, einen friedlichen Ausgleich herbeizuführen. Was Seuter und Besserer begonnen, setzten jetzt die obern Städte fort. Schon am 27. März traten deren Boten in Memmingen

zusammen (ausgenommen die von Costnitz und Lindau).³²) In der
Erkenntniß, daß die Bauern nie ihre Vereinigung auflösen würden,
beschlossen die Städteboten, abermals in Memmingen am 31. März
im Vereine mit den Gesandten von Costnitz und Lindau zusammenzu-
kommen, ausgestattet mit der Vollmacht, den Bauern und dem Bunde
den Vorschlag machen zu dürfen, die obern Städte insgesammt als
Richter in gütlicher oder rechtlicher Handlung über die gemeinen
Beschwerden der Bauern gegen jede ihrer Obrigkeiten anzuerkennen.
Damit wäre die Vereinigung und das göttliche Recht — denn das
bildet eben die gemeinen Beschwerden — anerkannt worden. Der Bund
gab deßhalb Memmingen, das im Auftrage der obern Städte sich an
ihn gewandt und am 30. März versucht hatte, den Waffenstillstand
vom 25. d. M. wieder ³³) herzustellen, am 1. Apr. die ernüchternde
Antwort, er sehe zwar Unterhandlungen gerne, lasse sich aber auf
keinen weitern Stillstand ein. Trotzdem versuchten die Städte, mit
denen sich jetzt zwei Abgeordnete des Reichregiments: Simon Pistorius
und Jakob Sturm, vereinigten, ³⁴) eine Vermittlung. Am 30. März
waren die Bauern zum vierten- und letztenmale als Vertreter der christlichen Vereinigung in Memmingen eingetroffen.³⁵) Wie nicht anders
zu erwarten, verwarf diese Versammlung die Abmachungen vom 25.
März, nahm aber den Compromißvorschlag der Städte und des Regi-
ments in der Art an, daß die Bauern ihre Richterliste (die in der
Instruktion stand) aufrecht erhielten, in dieselbe aber auch die Städte
Constanz, Memmingen, Lindau, Biberach, Ravensburg, Kempten,
Kaufbeuren, Wangen, Jsny und Leutkirch schrieben und ihre Vereinigung scharf betonten.³⁶) Zwar gab der schwäbische Bund nunmehr
im Principe nach und genehmigte den Erzherzog als Richter, gemeinig-
lich und sonderlich, ³⁷) aber wie wenig diese Nachgiebigkeit im Ernst
war, hatte schon der 31. März gelehrt. Denn zu eben der Zeit, da
er so nachgab, hatte der Bund seinem Feldherrn, der seit Kurzem das
bündische Heer in vortrefflicher Stellung auf den Donauhöhen zwischen
Ehingen und Erbach aufgestellt hatte, den Befehl ertheilt, die Feind-
seligkeiten zu eröffnen, einen Befehl, dem der Truchseß am 31. März
nachkam.³⁸) Diese Handlungsweise, welche der Bund dadurch nicht
reiner machte, daß er am 30. März an die Allgäuer und Seebauern
das Ansinnen richtete, ihrerseits ruhig zu bleiben, weil der Angriff
nicht ihnen gelte, vereitelte alle Vermittlungsversuche.³⁹) Der volle
Schwabentrotz erwachte in den Bauernräthen; sie, welche noch vor
acht Tagen so schwach gewesen, überboten jetzt die Haufen und be-

schlossen zu Memmingen, die Stände des Bundes zu vertreiben, alle Klöster und Gotteshäuser und gemeinen Adel zu vertilgen und zu verderben.⁴⁰) So lautet der letzte Beschluß des Bauernparlaments, und mit ihm hatte die Vereinigung ihr Ende gefunden. Von nun an lag die Entscheidung nicht mehr in friedlichen Unterhandlungen und Berathungen, sondern auf der Spitze des Schwertes.

Quellen und Vorarbeiten.

Für die Geschichte des Bauernkriegs sind als Hauptquellen zu nennen die Archivalien der oberschwäbischen, allgäuer und bayerischen Archive, in deren Besitz ich theils durch eigene Einsicht, theils durch gütige Mittheilung derselben von Seite des Herrn Professors Cornelius, Dr. Stieve und Diereltors Petzlus in Wolfegg gelangte.

Was die allgäuer und oberschwäbischen Archive anbelangt, stand mir folgendes Material zu Gebote:

Die Bauernkriegsakten der gefürsteten Abtei Kempten, welche von Jörg und Cornelius als „fürstlich Kemptische Bauernkriegsakten" im Reichsarchive München benützt wurden, standen mir nur dadurch zu Gebote, daß Cornelius von den wichtigsten Akten Abschriften genommen hatte, die er mir gütigst zur Benützung überließ. Für meine Arbeit waren von demselben von Bedeutung: Klage und Forderung des Abts zu Kempten gegen seine Unterthanen und deren Antwort, beide Akten 1525 nach der Unterwerfung der Allgäuer abgefaßt und gute Aufschlüsse über die Entstehung des Aufstandes im Kemptischen bietend; sodann 2 Bekenntnisse des Knopfs von Luibas, die er zu Bludenz auf die Fragen des schwäbischen Bundes und des Fürstabts, von der Folter gezwungen, ablegte. Weitere Akten des ehemaligen Kemptischen Archives, besonders die der Kemptner Landschaft konnte ich mittelbar wenigstens aus Haggenmüller und Zimmermann entnehmen, ersterer bietet stellenweise nur eine Transcription derselben.

Das bischöflich augsburgische Archiv gibt, wie mir Herr Domkapitular Dr. Steichele von Augsburg mittheilte, für meine Arbeit wenig Ausbeute; zwei einschlägige Akten druckte derselbe in seinen Beiträgen zur Geschichte des Bisthums Augsburg I, 57 und II, 337 ab.

Das Kaufbeurer Stadtarchiv bot bei einer Untersuchung, die Dr. Stieve anstellte, wenig; das Wenige aber nahm Hörmann in seine bekannte Sammlung der vornehmsten Merkwürdigkeiten und Geschichten der k. h. r. R. freien Stadt Kaufbeuren (4 Bände im Archiv der evang. Kirche zu Kaufbeuren) auf. Daraus kam es vermittels der schmid'schen Sammlung an Zimmermann. Am wichtigsten sind die Artikel der Kaufbeurer Bauern, im Februar verfaßt.

Das Archiv der Abtei Irrsee ging im Schwedenkriege zu Kreuzlingen zu Grunde.

Was Ottobeuren an Bauernkriegssachen besaß, verarbeitete bereits Feyerabend in seiner Chronik der Abtei Ottenbeuren im III. Bande.

Die wichtigsten Nachrichten des memminger Stadtarchives bot schon Kobling in seinem vortrefflichen Werke: Die Reichsstatt Memmingen in der Zeit der evang. Volksbewegung. Bei meiner Anwesenheit in Memmingen fand ich nur noch zwei Akten, die Rohling entgangen waren, zwei Schreiben des schwäbischen Bundes an Memmingen vom 28. und 30. März 1525.

Das Archiv der Statt Kempten wurde bei der Mediatisation verschleudert; erhalten ist jedoch das Rathsprotokoll von 1525, welches sich durch ein sehr bezeichnendes Schweigen während des Aufstandes auszeichnet.

Das Archiv der Stadt Isny verbrannte 1632; das des gleichnamigen Klosters, das mir Herr Graf von Quadt gütigst eröffnete, enthält den Rest eines Missivbuches des Abts Philipp. Er besteht aus 5 Copien von Briefen desselben an seinen Kastenvogt, den württembergischen Statthalter, Truchseß Wilhelm von Waldburg, und dessen Antworten, die gute Aufschlüsse über die Bewegung in der Grafschaft Trauchburg geben.

Die Akten der Grafschaft Eglofs verbrannten 1741 vollständig, zum großen Nachtheile der allgäuer Geschichte.

Wangen besaß einen Kasten voll Kriegsakten von 1362 — 1769, dieser aber verschwand, wie das Rathsprotokoll und die Sekelmeisterrechnung von 1525, welche nach dem erhaltenen Repertorium des Archivs eine große Rubrik: Bauernkrieg hatte, spurlos.

Lindau besitzt nach einer gefälligen Mittheilung des Majors von Würdinger keine Bauernkriegssachen.

Leutkirch hat noch das Rathsprotokoll von 1525, das aber wie das Kemptische vom 25. März an bis in den November schweigt.

Ob das Archiv der oberschwäbischen Fugger, der von Pumpitz zu Ratzenried, für meine Arbeit Ausbeute bot, konnte ich bei der großen, ungeordneten Fülle desselben nicht untersuchen. Es wäre in kulturhistorischer Hinsicht werth, dasselbe eingehender zu prüfen.

Ueberlingen ergieng es nach der persönlichen Mittheilung des Bürgermeisters mit seinem Archive, wie Kempten.

Ravensburg bewahrte sehr schätzbare Akten, besonders über die Stellung der obern Städte zu den Bauern, jetzt im stuttgarter Archive, und eine fast vollständige Sammlung der schwäbischen Bundesabschiede. Das Rathsprotokoll von 1525 ist nicht erhalten.

Altdorf (jetzige Stadt Weingarten) hat noch das Protokoll von 1525, enthalten in (Grimms Gesch. von Altdorf p. 185.

Die Abteien Weingarten und Weißenau bieten (jetzt in Stuttgart) Briefe von und an den bekannten Abt Gerwig, theils Originale, theils Copien im 8. Bande des gerwig'schen Missivbuches.

Gar keine Ausbeute ergaben die Abteien Schussenried, Buxheim, Ochsenhausen und Roth.

Ebenso wenig die waldburgischen Archive zu Zeil, Trauchburg, Wurzach, Kißlegg, wogegen das in Wolfegg, welches die Akten des berühmten Truchsessen Georg aufbewahrt, sowohl für den Bauernkrieg überhaupt, als für meine Arbeit manche werthvolle Nachricht beisteuert. Sehr zu bedauern ist es, daß von dem reichhaltigen Archive 1647 ein Theil verbrannte und leider, wie es scheint, auch Bauernkriegsakten, wenigstens tragen einige der vorhandenen deutliche Spuren von Feuer an sich. Das wolfegger Archiv enthält die Bauernkriegsakten im Fasc. Militaria 9890 und 2504 (letztere aus dem Kißlegger Archive).

Biberach hat Bauernkriegsakten nur mittelst der pflummer'schen Annalen gerettet, so namentlich das Rathsprotokoll von 1525.

Das ulmer Archiv bietet nach Dr. Stieve für meine Arbeit wenig Ausbeute; das von Augsburg konnte ich nicht einsehen.

Das stuttgarter Archiv enthält außer den erwähnten Akten noch die bekannte schmid'sche Sammlung, die von Zimmermann benützt ist. In Nr. 13 hat dieselbe Copien von Schreiben der Stadt Kaufbeuren.

Die Akten des schwäbischen Bundes benützte ich in ihrer Zusammenstellung von Klüpfel. Eine Sammlung seiner Abschiede besitzt auch die münchner Staatsbibliothek.

Die reichhaltigste Quelle für den Bauernkrieg in Oberschwaben aber ist die große Sammlung des münchner Reichsarchives in 8 Foliobänden unter dem Titel: Bauernkrieg Schwabhalb (ich citire B. Schw.). Angelegt unter Herzog Wilhelm enthält sie alles Material, das über den Bauernkrieg in dessen Hände kam. Voran sind in dieser Beziehung zu nennen die Schreiben und Akten der Bauern selbst, zum Theil in Originalien und Drucken, zum Theil in Copien, oft mehrfach in der Sammlung enthalten. Hiezu kommen die Berichte der bayerischen Gesandten bei dem schwäbischen Bundestage: des Dr. Eck und Weißenfelder, der Hauptleute am Leche zu Landsberg und Schongau, der Kundschafter, der benachbarten Herrn und des schwäbischen Bundes, des Erzherzogs Ferdinand, sodann die Copien der Schreiben der bayerischen Herzöge, endlich Copien von Urgichten bedeutender Bauernhauptleute, z. B. des Knopf, von dem außer den obengenannten die Sammlung ein 3. Bekenntniß enthält, welches er auf die Fragen des Erzherzogs Ferdinand ablegte. Die Sammlung ist in ausgezeichneter Weise benützt von Jörg in seinem Werke: Deutschland in der Revolutionsperiode von 1522—1526.

Sehr zu bedauern ist es, daß Erzherzog Ferdinand keine solche Sammlung anlegen ließ, da diese die besten Aufschlüsse über seine vielbesprochene Stellung zu den Bauern geben würde. Von allen Aktenstücken desselben standen mir nur die Copien in der bayerischen Sammlung zu Gebote.

Im Ganzen ist dieses Material, außer dem ich noch die von Cornelius gemachten Abschriften der Berichte des hessischen Bundesgesandten Eberhard von Rotenhausen benützte (aus dem kasseler Archive), nicht gerade umfangreich und erschöpfend. Man gewahrt nur zu sehr, daß es meist der Zufall rettete, ja der Mangel an Material in den städtischen Archiven, besonders das Schweigen der Protokolle, deutet beinahe auf absichtliche Vernichtung hin, wozu freilich manche Stadt dem siegreichen Bunde gegenüber Grund genug haben mochte.

Eine willkommene Ergänzung findet darum der Archivinhalt an den gleichzeitigen Chroniken.

Eine Klasse derselben befaßt sich mit der Darstellung der Ereignisse, welche sich innerhalb eines bestimmten, kleinern Gebietes zutrugen, ist also lokaler Natur. Zu ihr gehört: „Kurzer Bericht und Anzeige, was sich wegen der Bauern Empörung und resp. in Luthers Zeiten bei der Statt Füssen zugetragen, und wie die Statt solche Gewalt von sich abgewandt und hievon gerettet worden, im 1525. Jahre. Von Martin Furtenbach, derzeit Stattschreiber." (Auszug davon nach einer vom Prälaten Schmid in Füssen genommenen Abschrift in Oechsle, Gesch. des Bauernkriegs in den schwäbisch=fränkischen Grenzlanden, Nr. V, p. 466—483.) Furtenbach berichtet eingehend, aber ohne alle Einsicht in den Zusammenhang der Ereignisse zu Füssen mit der allgemeinen Entwicklung der Volkserhebung lediglich das, wovon er Zeuge ist. Seine Nachrichten, die er wegen seiner amtlichen Stellung gewiß stets aus bester Quelle schöpfte, sind sehr beachtenswerth, und verdienen vollen Glauben, da sie durchaus mit den Akten (in B. Schw.) übereinstimmen.

Wie Furtenbach schrieb Furter Marcus, ein Mönch des Klosters Irrsee, in bauernfeindlichem Sinne 1531 eine Geschichte der Erlebnisse seiner Abtei im Revolutionsjahre unter dem Titel: „Qualiter nostrum monasterium Irsin anno 1525 a propriis rusticis ac subditis nostris injuste et citra omnem justi judicii equitatem captum, compilatum, destructum, combustum, Descriptio satis compendiosa." (Original auf der augsburger Stadtbibliothek, vollendet am 25. Dec. 1533. 56 Seiten in 4°.) Auch Furter berichtet nur, was er miterlebt, aus seiner und seiner Klosterbrüder Erinnerung, und zwar lediglich die Schicksale seines Klosters. Seine Mittheilungen, in einem sonderbaren Gemisch von Mönchs = und humanistischem Latein geschrieben, hätten schon längst verdient, gedruckt zu werden, da sie fast die einzige Quelle für die Erhebung an der mittlern Wertach sind, nur da sie ein lebendiges Bild schaffen, wie die Bauernhaufen tagten und handelten. Noch mehr gilt letzteres von einer bisher unbekannten Arbeit, die schon darum merkwürdig scheint, weil ihr Verfasser dem Adel angehört.

Der Ritter Georg von und zu Werdenstein, ein biderber Landedelmann aus dem kemptischen Erbkammerergeschlechte, der, ohne viel von sich reden gemacht zu haben, 1539 starb (sein schöner Grabstein steht in der Pfarr=

kirche (Eckarts bei Immenstadt), schrieb unter dem Titel: „Von dem Bawrenkrieg Anno 1525 und 1526, was sich fürnemlich mit ihnen, auch im Allgew zugetragen" eine kurze Geschichte des allgäuer Aufstandes. Diese Geschichte wurde Anfangs des 17. Jhrhdt. von einem isnyer Mönche abgeschrieben und ist uns in dieser Abschrift als Eigenthum der Pfarrregistratur Leutkirch (Copien gesch. Notizen von Kempten und Umgegend beigebunden und von Seite 75—94 numerirt) erhalten. Das Werkchen besteht aus zwei Abschnitten. Im ersten gibt der Ritter eine Uebersicht des gesammten Bauernkrieges und will den Zusammenhang desselben mit der Reformation nachweisen. Schriftliche Aufzeichnungen benützte er nicht, sondern schrieb nach mündlichen Mittheilungen. Der erste Theil, ein Zeugniß, wie der Adel nach dem Kriege über diesen sprach und dachte, ist darum, abgesehen von einigen Notizen über das Allgäu, ziemlich werthlos. Der 2. Theil dagegen bietet die Erlebnisse des Ritters selbst in schmuckloser, kerniger und treuherziger Sprache und gibt ein ungemein anziehendes Bild der oberallgäuer Bewegung, über die der Ritter manche wichtige Nachrichten uns erhalten hat.

Das Klosterarchiv Isny bewahrt in seinen Reformationsakten eine Handschrift: „Curz, aber gruntlicher Bericht des abthon cristlicher ceremonien geschrieben 1530", die auch über den Bauernkrieg spricht, aber da sie nur die noch erhaltenen Briefe des Abts Philipp als Quellen hatte, ohne alle Bedeutung für die Geschichte des Bauernkriegs ist. Dieser Bericht ist aufgenommen in die zweite Handschrift des Klosterarchivs: Kurzer Bericht, was sich von Anno 1525 bis 1583 und dann dieß lauffende J. 1629 Endtzwischen Sant Georgen Gottßhaus Isny und deß P. R. St. daselbsten In geistlichen vnd religionssachen aigenlich verloffen vnd zuegetragen. Ebenso in eine handschriftliche Darstellung der Klostergeschichte von 1500 bis 1552 von dem Klosterarchivar P. Dobler 1767 und endlich in die große Chronica mij Isnensis ad S. Georgium anno Christj 1729 rediviva.

Im Gebiete des Seehaufens begegnen wir der Darstellung eines salemer Mönchs (gedruckt bei Mone, Quellen zur badischen Landesgeschichte Band II, 118—133 unter dem Titel: Bauernkrieg am Bodensee, im Auszuge bei Dechsle VI, 484—493. Diese Arbeit ist um so wichtiger, als sie fast die einzige Quelle für die Geschichte des Seehaufens ist, und ihre Nachrichten vielfach sich auf Mittheilungen des Obersten der Seebauern, Eitelhans Ziegelmüller, stützen.

Ebenfalls von einem salmannsweiler Mönche, dem P. Amandus Schäfer († 1534 als Abt von Salem), besitzen wir eine Darstellung der Empörung der salmannsweiler Dörfer Schemmerberg und Aepfingen bei Biberach, die wichtig ist, weil Schäfer 1525 als Pfleger des salemer Hofes zu Biberach in Mitte der von ihm geschilderten Ereignisse lebte. (Abschrift in Pflummerns Annalen (ohne Titel) III, 693—697).

Diese Annalen enthalten eine zweite Darstellung des Bauernkriegs im baltringer Gebiete (die ich als heggbacher Chronik citire) im 3. Bande p. 736 —776. Eine Nonne des Cistercienferinnenklosters Heggbach bei Biberach schrieb, ohne ihren Namen zu nennen, die Erlebnisse und Drangsale ihres Klosters aus ihrer und ihrer Mitschwestern Gedächtnisse nieder, eine Arbeit, die sie am 25. Juli 1541 vollendete. Die Schreiberin, wie sie sich selbst nennt, ist ungemein redselig, in ihrer Sprache öfters verworren, grob und ihres oberschwäbischen Dialekts sehr beflissen. Aber, wie Furter und die wertensteiner Chronik, ist auch ihre Chronik aus denselben Gründen sehr beachtenswerth, obwohl sie ohne alle Einsicht schrieb und außerhalb ihrer nächsten Umgegend völlig ununterrichtet ist. Außer dieser Arbeit schrieb sie noch eine Hexen- und GauklerGeschichte der Magdalena Golfterin, die auch in der beggbacher Chronik eine Rolle spielt (Pflummerns Annalen III, 777—831 und eine Geschichte Heggbachs im schmalkaldischen Kriege rto 831—873).

Werthvoll für die Geschichte des Bauernkriegs an der Iller und im Burgau ist das Buch des weißenborner Caplans Thoman Nikolaus, bekannt unter dem Namen der weißenborner Chronik. Sie reicht bis 1535 und ist in mehreren Handschriften vorhanden. (Theilweise gedruckt bei Karl Jäger, Mittheilungen zur schwäbisch-fränkischen Reformationsgeschichte I, 292—366.) [Dr. Theodor von Kern hält das in der öttingischen Bibliothek zu Maihingen befindliche Exemplar, das Nachträge bis 1542 hat und dem weißenhorner Rathe gewidmet ist, für die Reinschrift des Thoman. Sybel'sche Zeitschrift VII, 113.] Ohne Bedeutung wird Thoman, sobald er entferntere Thatsachen erwähnt; auch er arbeitete nur nach mündlichen Mittheilungen, die ihm aber vielfach nicht das Richtigste, selbst aus der Umgebung Weißenhorns zubrachten.

Der Priester Heinrich von Pflummern schrieb 1544 die Geschichte der biberacher Reformation. In dieser werthvollen Schrift handelt er in dem Capitel: „etwas vom purenkrieg" ganz kurz aber selbstständig von dem baltringer Aufstande. Seine Schrift ist noch im Besitze der Familie Pflummern zu Biberach.

Neben diesen Lokalchroniken ist eine zweite Reihe von schriftlichen Aufzeichnungen zu nennen, welche die Aufgabe verfolgen, eine Darstellung des ganzen Bauernkriegs zu geben. Von dieser zahlreichen Reihe sind für die Geschichte der christlichen Vereinigung von Bedeutung: das Tagebuch des Truchsessen Georg, verfaßt von einem „Schreiber" desselben, der ihn auf seinen Zügen gegen die Bauern begleitete. Die Originalhandschrift soll nach Walchner in Zeil sein, aber bei meiner Anwesenheit daselbst konnte ich sie nicht einsehen. Eine von Seidler besorgte Abschrift liegt im stuttgarter Staatsarchiv. Den Theil des umfassenden Werkes, der sich auf Oberschwaben bezieht, hat Pflummern in genauer Abschrift in seine Annalen als Diarium Trucksessi aufgenommen (Band III, 466—514 und 519—528). Das Werk selbst nennt sich: „Ausführliche eigentliche Beschreibung des jämmerlichen Aufstandes und Rebellion des gemeinen Paursmann." Walchner nennt es einfach zeilsche Haushschrift, Oechsle und Habd (Herzog Ulrich von Württemberg) „Truchsessenbuch", Zimmermann „Seidler, Handschrift", Stälin, dem ich folge, „Schreiber des Truchsessen Georg".

Zu Pappenheims Chronik der Truchsessen fügte der Herausgeber viele Anmerkungen aus dem Schreiber. Walchner stützt sich durchaus auf denselben und bringt viele Akten wörtlich aus seiner Arbeit. Um so auffallender, da man doch aus Walchner gerade den hohen Werth des Schreibers erkennen mußte, ist es, daß derselbe noch nicht herausgegeben wurde. Er ist, kann man sagen, die einzige offizielle Darstellung des Bauernkrieges und darum von der größten Wichtigkeit, weniger freilich für die Zeit der Unterhandlungen, als für die des Kampfes, für welche er durchweg die beste und verläßigste Quelle ist.

Fast durchgehend in Uebereinstimmung mit dem Schreiber ist das Tagebuch des truchsessischen Herolds Hans Lutz, das dieser im Auftrage des Abts von Roggenburg nach seinen Erlebnissen niederschrieb, wie uns Polwart berichtet. (Gedruckt in dem 1847. Jahresberichte des hist. Vereines von Schwaben und Neuburg 56—67.) Für meine Zwecke bot es keine Nachrichten. Lutz ist wohl der walchner'sche Hans Vetz (Walchner 86).

Auf Lutz als Grundlage stützt sich ein Werk ganz anderer Art, die „rustica seditio totius fere Germaniæ" des roggenburger Schulmeisters Jakob Holzwart. Holzwart, wie Stälin mit Wahrscheinlichkeit (IV, 252) vermuthet, aus Memmingen gebürtig, da es im Illerthale Familien dieses Namens gibt, ist seinen Lebensverhältnissen nach leider unbekannt, er schrieb sein Buch 1530 und widmete es dem Bischofe Christoph von Augsburg, in der Absicht, eine Anstellung von ihm zu erhalten. Seiner Sprache und Denkart nach war er ein Humanist. Nach seinen Worten sollte seine Seditio nur eine Erweiterung des lutz'schen Tagebuchs sein, aber er leistete mehr, weit darüber hinausgehend wagte er, der Erste, eine pragmatische Geschichte des Bauernkriegs zu schreiben. Zu diesem Behufe sammelte er von allen Seiten Nachrichten und benützte die vor ihm vorhandenen Aufzeichnungen. Sein Werk verräth deutlich, daß er die Akten des schwäbischen Bundes und den Schreiber des Truchsessen Georg vor sich hatte. Daher gelang es ihm, wirklich nicht nur eine große Fülle von Stoff zu sammeln, sondern auch dieselbe zu sichten und in ihrem innern Zusammenhange zu erkennen. Er strebt nach Unparteilichkeit und bemüht sich deßwegen vor allem die Gründe und Ursachen der Erhebung klar darzuthun. Holzwarts Arbeit dürfte darum von allen bisher genannten die bedeutendste sein. Erhalten ist uns seine Seditio in einer Abschrift eines F. Michael Koler 1538 (Augsburger Stadtbibliothek).

Ohne Bedeutung ist die Schrift eines gleichzeitigen Unbekannten: „Hernach volgt, wie es in dem beurischen Krieg ergangen ist, Anno 1525, 24 Blätter". Münchner Staatsbibliothek. Cod. Germ. 3911. Während alle bisher genannten Schriften mehr oder weniger bauernfeindlich gesinnt sind, so macht Keßler, einer der Reformatoren St. Gallens in seinen Sabbatha den Versuch, gestützt auf die Angaben Lotzers und anderer „ausgetretenen Banditen", zu beweisen, der Bauernkrieg sei nur entstanden, weil die Obrigkeit das Streben des Landvolks nach dem göttlichen Rechte unterdrückte, er stellt sich also auf die Seite desselben. Ebendarum ist Keßlers Darstellung zeitlich beschränkt. Für ihn hat nur die Periode Bedeutung, welche das Streben nach dem göttlichen Rechte umfaßt. Sowie diese vorüber ist, wird Keßler ungenau, der Krieg bietet ihm keine Interessen mehr. Wegen seiner Verbindung mit Lotzer ist aber sein Werk von großem Werthe, da wir in demselben die Anschauungen Lotzers und Scheppelers vor uns haben.

Gleichzeitige Stadtchroniken boten mir keinen Stoff, ausgenommen die von Memmingen und Kempten, worüber ich wohl auf Rohling und Haggenmüller verweisen darf.

Zum Schlusse noch eine Bemerkung über die Pflummern'schen Annalen. Ernst von Pflummern, geb. 1588 aus einem 1376 in Biberach eingewanderten Geschlechte, begann, wissenschaftlich tüchtig gebildet, 1616, damals salmannsweiler'scher Obervogt in Schemmerberg, eine Geschichte seiner Vaterstadt, die er 1621 vollendete und der er 1635 die Erlebnisse derselben von 1632—35 beifügte. Das Hauptwerk reichte nur bis 1563. Er gab dem Werke den Namen: Annales Biberacenses. Diese Annalen sind aber keineswegs eine Geschichte im wahren Sinne dieses Wortes, sondern lediglich eine Sammlung allen Stoffes, den Pflummern fand, und den er nach den einzelnen Jahren geordnet zusammenschrieb. So finden sich in seinen Annalen Urkunden, Regesten, Chroniken, Commissionsakten, Briefe, Reformationsschriften ganz oder auszugsweise, und stets gibt er gewissenhaft seine Quellen an. Darum sind seine Annalen hochwichtig, besonders für die Reformationszeit, weil er in ihnen eine Masse von Quellen rettete, die im Originale längst zu Grunde gegangen. Leider ist sein Werk nicht mehr vorhanden, nur noch eine mit Fleiß und größter Treue gemachte Abschrift (durch Dr. Stecher 1818—1823) konnte ich mit Erlaubniß des biberacher Kaufmanns Steiß, ihres Besitzers, einsehen.

Hilfsmittel.

Jörg, Deutschland in der Reformationsperiode 1522—26. 1851.
Zimmermann, Gesch. des deutschen Bauernkrieges. Ich benützte die 2. Auflage 1856.
Waldner und Bodent, Biographie des Truchsessen Georg III. von Waldburg 1832.
Cornelius, Studien zur Geschichte des Bauernkriegs. In den Abhandlungen der k. bayer. Akademie d. W. III. Cl. IX. Band I. Abtheil. Auch Separatabdruck 1861.

Stern Alfred, Ueber die zwölf Artikel der Bauern und einig andere Aktenstücke aus der Bewegung von 1525. 1868.
Stälin, Württembergische Geschichte. Band IV. 1870.

Aus der zahlreichen Literatur über Oberschwaben ergaben sich Beiträge oder Anhaltspunkte in folgenden Werken:

Haggenmüller, Gesch. der Stadt und gefürsteten Grafschaft Kempten. 2 Bände 1840.
Rohling, Die Reichsstadt Memmingen in der Zeit der evangelischen Volksbewegung. 1864.
Stieve, Die Reichsstadt Kaufbeuren und die baierische Restaurations-Politik. 1870.
Pappenheim's Chronik der Truchsessen von Waldburg. 1777. Band I.
Baumann Simon, Der Markt Oberdorf.
Vanotti, Gesch. der Grafen von Montfort und Werdenberg.
Grimm, Gesch. der Stadt Wangen.
Grimm, Gesch. von Altdorf-Weingarten.
Grimm, Gesch. von Kißlegg.
Faistle, Materialien zur Gesch. der Stadt Füssen.
Waibel, Gesch. der Grafschaft Rothenfels.
Vincenz, Chronik der Stadt Isny.
Roth, Gesch. der ehemaligen Reichsstadt Leutkirch und der leutkircher Haide.
Eben, Versuch einer Gesch. der Stadt Ravensburg. 2 Bände.
Eggmann, Gesch. der Stadt Waldsee.
Eggmann, Gesch. des Illerthales.
Stadelhofer, Hist. collegii Rothensis. Band II.
Feyerabend, Chronik von Ottenbeuren. Band III.
Bacher, Gesch. von Schwaben.
Pormayr, goldene Chronik von Hohenschwangau.
Die vom historisch-topographischen Bureau in Stuttgart herausgegebenen Beschreibungen der württ. Oberämter Tettnang, Wangen, Leutkirch, Waldsee, Ravensburg, Biberach, Laupheim, Ehingen.
Dr. Geiger, Nikolaus Ellenbog (Mönch von Ottobeuren) in der: öst. theol. Vierteljahrsschrift, Jahrg. 1870.

Für die kirchlichen Verhältnisse gaben Aufschlüsse:

Braun, Beschr. der Diöcese Augsburg.
Keim, Schwäbische Reformationsgeschichte.
(Schlewed), Predigerhistorie der Reichsstadt Lindau.
dto. Heinrich von Pflummern und die Reformation der Reichsstadt Biberach.
dto. Reformation der Reichsstadt Memmingen, alle drei Aufsätze in den historisch-politischen Blättern, Band 58 und 62.
Scharff, Gesch. der Reformation der ehem. Reichsstadt Isny. 1871.

Anmerkungen und Quellenbelege.

I, p. 2, Anm. 1. Ich verweise hiefür auf Stälin IV, 235—51 ff.
p. 2, Anm. 2. Rohling 108, 127. Feyerabend, Chron. v. Ottenbeuren III, 30.
p. 2, Anm. 3. Walchner, Biographie des Truchsessen Georg p. 70; Schreiben des Vogts Seckendorf an den Truchsessen (wolfegger Arch. fasc. militaria 9890, litt.: h, dt.: „Donnstags nach dem newen Jar").
p. 3, Anm. 4. Haggenmüller L 505—12 (nach Landschaftsakten).

p. 3. Anm. 5. Hauptquellen für Knopfs Stellung sind seine oben angeführten Bekenntnisse.
p. 3. Anm. 6. Haggenmüller I. 411 und 511.
p. 4. Anm. 7. Nach Knopfs Bekenntnissen. Von seinen Genossen nennt er: Urban Rapp von Günzburg; Ulrich Hauenberg, Peter Holdenried, Balthus Grotz, alle drei aus sultzberger pfarr; Hibler schneider und Hainrich hengeler, bed von Jmental, Günzburger pfarr; hübsch hensele von seltürn, hetzgemelter pfarr; hewel von Jberg, Conb Mayr gen. Lebhardt zum Götzen, hanns Kurtz, alle drey Betzingewer pfarr; Jörg Luz und Hanns Rott, sannb Lorenntzer pfarr; Jörg Töber, Cundres Luprecht, Jakob Funkh zum Knels, Bünteler und Jörg funckh, wirt, buchberger pfarr; Hanns Taubernmüllner, Kalchschmid Meßler, Jos. Grotz, all von Tingew; Zacharias Michelpeckh zum Aschen, sannb Manngen pfarr; hanns hackenmüller zum winnigs, wiggenspacher pfarr; Thoman scherrer zu Legaw, Erbart Mayr, menscher wirt, hanns Grotz, Jörg Töber jung von Lauben; Balthus häl zum Hupprechts, Altensrieder pfarr; Jacob Hilbrannt von werd, haldenwanger pfarr; Theis Megtlin von Jberbach, Dietmannsriedler pfarr (Knopfs erstes Bek. am Ende. B. Schw. VIII, 291 und nochmals VIII, 306).
p. 4. Anm. 8. Haggenmüller I, 510. Knopfs Bekenntnisse.
p. 4. Anm. 9. Haggenmüller I, 511.
p. 5. Anm. 10. Knopfs Bekenntnisse.
p. 5. Anm. 11. Haggenmüller I, 506.
p. 5. Anm. 12. Als neugläubige Prädikanten sind genannt (außer Waibel): Christian Wanner, Pfarrer zu Haldenwang, Mathis Röt, Vicar zu Membölz, Walther Schwarz, Vikar zu Martinszell, Mang Batzer, Vikar zu Buchenberg, Hans Häring, Vicar zu Legau, Hans Hasenmayr, Helfer zu Günzburg, Hans Unsinn, Vicar zu Oberthingau, Veit Riedle, Helfer zu Günzburg. Aus B. Schw. bei Jörg 193.
p. 5. Anm. 13. Knopf's 1. Bek.: „er sy auch anfenger und uffwiegler gewest alles handels und Empörung im gantzen Allgew." ferner „daz er als anfenger sampt andren des gotzhus Kempten verwanten den andern herrschaften, namlich m. g. h. von Augspurg, Montfort, Truchsäffen und allen andern umsäffen von adel ir arm lüt und verwantzten abfellig und zu im gebracht hab." Im 2. Bek. sagt er noch, er habe dies getban, darmit sy dem bunt und den Herrschaften widerstand thun möchten.
p. 6. Anm. 14. Wertensteiner Chronik p. 85—87. Die Oberallgäuer hatten schon 1406 einen gemeinsamen Aufstand versucht. Cf.: Monum. Boica, Tom. 34, p. 173, nro. 86, und Haggenmüller I, 226.
p. 6. Anm. 15. Stabelhofer, Hist. collegii Rothensis in Suevia, II, 20—36.
p. 6. Anm. 16. Das rother Schreiben steht abschriftlich in B. Schw. IV, 77, daraus bei Jörg 139, Rohling 128.
p. 6. Anm. 17. Zimmermann I, 293 nach Herrmanns Collectaneen.
p. 6. Anm. 18. Furtenbachs Bericht bei: Dechsle, Gesch. des Bauernkriegs in den schwäbisch-fränkischen Grenzlanden, p. 467.
p. 6. Anm. 19. Volcker von Freyberg meldet dt. Costentz uff Mittwoch vor sand Mathistag (22. Febr.) seinem Schwagern Wolf von Schellenberg: „die puren im Allgew sind vffrürend vnd ligend zu Sunthoffen by ainandern, vnd inwer puru zu Kyßlegk, die sind ob vffrürig gewesen, aber sy sind wyter gestellt mit die von wangen handtlent zwüschend üwers bruebers und Jr wegen." B.Schw.IV.73.
Der Artikelbrief der Kißlegger liegt in Wolfegg. fasc. Militaria A. 2504. Er trägt kein Datum, kann aber seines Inhalts wegen nur in diese erste Zeit des Aufstandes gehören und scheint wegen der in Freibergs Schreiben angekündigten Verhandlung abgefaßt zu sein. Da derselbe noch öfter erwähnt werden wird, so lasse ich ihn hier seinem vollen Wortlaute nach folgen:
Nota, wie, wamit vnnd jn wöllicherlay gestalt wir die gemain baurschafft jn der Herschaft Kyßlegth gesessen von vnnsern Hern vnnd Junckhern von schellenberg groslich beschwertt vnnd oberladen seindt.
Namlich Ju vil vnnd menigerlay mörgtlichen diensten, so wir vber die,

so in den gnetter inhalt brieffen vnnd gültbüchern als nämlich Schnitter, ma=
der vnd artten gehörennd, gethon, So der Herschaft zu thund verfolgen sollen,
wie hernachuolgt, mit gewalt vnd gepott wider billichait zu thun vergewaltigt
worden, vermahnend billich sein, So inn schniden vnd artben beschechen, In
der bezalung vnnd Rechnung der Jarlichen gült nit gerechnet, besonder abge=
zogen werden, ouch hinfüro, es sey fraw oder man, Jung oder alt, mit tributt,
schatzung, dienst, gelt oder weytter zu dienen nit turbiert ufsgelegt noch schuldig
sein sollen.

 Es fügte oder begebe sich dann, das man von gemains Landsfrieden
Rahsen vnd vß Ziehen müest, solle sollichs ainem Jeden, Shen wer die wollen,
So In der berschaft Sitzen, nach gepür vnnd anzahl der vermögenlichait vnnd
gestalt der sachen angelegt werden, ouch geben sollen.

 Item zum Ersten nit wenig Inhaltung der Rinder, sonder hoch be=
schwert, dan ouch nit alain dienen, so die gueter vmb ein Erschatz enntpfanngen
vnnd erst nach dem entpfachen on angedingt, wol auch den, so aigen gütter,
die Zuhalten vnd Zu ir der Herschafft Gebruch zugewarten an suma gelt ge=
potten, die vnzimlich gebrucht vnd ettwan die scherben widergeben.

 Ouch zuuil Zeitten die rünnder zubeschawen beschickt vnd so die nit gleich
nach Jrm gefallen, Aber mit gewalt vnd nitt mit Recht gestrafft werden.

 Item zum anndern In hund ziehen, die ettlich mit grossem Costen fiern
vnnd halten. Darzu so ainer ain Hund verloren in grosser straff vnd fär=
lichait gestanden, den mit grossen Costen, müe vnd arbeit suchen oder annders
darumb Zu dulden sorg tragen miessen.

 Item zum Dritten In Jagen des wir ein vnd alltag Zu khainer Zeitt
on sorg zugewarten gewest, vnnd so ainer gleich ain gantzen tag gejagt, gehaget
oder annders zu Jagen gehörenndt on gessen vnnd on trunnken [....unleser-
liche Stelle] dannoch laufen müssen. Sein Dank vnnd belonung zu schelten,
fluchen vnd anschweren gewest oder glichwol alsbald darzu vnd den Kopff ge=
prüglet vnd geschlagen worden. Darzu ouch vnnser Frucht Im veldt mit
baizen verhört vnnd vertriben, das doch billich zu beschechen nit sein sölle.

 Item zum vierden beschwerung der besandten genden vnnd reuttenden
potten vnd ouch wagenlewten, so etwa ohne Belonung vnd etwa mit halber
belonung das Jr verzertt vnd versompt haben.

 Item zum funfften war vnd offenbar, das wir auch mit grosser beschwertt
vnd versonung den Hern alles, das sy in grosen vnd klainen bawen zu schaffen
gehapt, es sey mist, hew, Strow, Korn, holtz, visch vnd alles annders on alle
belonung zu vil mer Zeitten vnd wehllen vngessen vnd vntrunken würden vnd
farn haben müssen, darzu auch Hanff vnnd werck liechen, In wasser vnnd
darniß hin vnd wider füren, praitten, vffheben, brechen, Schwingen, hechlen
vnd Spennen, wuschen vnd weschen. Sollichs auch die Herschaft nit benilgt,
darzu menchem Biderman sein Kind, so er selbst bederfft hat, wib vnnd man-
personen Jnen zu dienen mit gewalt genomen, Streng hart vnnd forchsam
gehalten, Darum sy zu Zeiten von Juen geloffen, nachdem Jre vätter ge-
fangen, thurent oder plockt, die Kind widerumb weit vnnd nach mit grossen
Costen, müe vnnd arbeit Zu suchen bezwinngen, vermainend, billich vnd Recht.
knechten, mögthen, potten vnd wagenleuten vnnd anndern Jrn liblon, souil
man In schuldig, zubezaln vnd hinfüro niemandt zu dienen, laufen, Ryten,
faren vmb sunst noch vmb gelt Zwingen noch nötten sollen.

 Item zum Sechsten, die, so von Burgerlicher Hanndlung wegen vß der
Herschafft vertrieben, darum das Recht erlaiden vnnd nit fliechen wöllen,
Söllen vnuergwaltigt ain sichern Zugang haben, vnd das hinfüro vmb kain
Burgerliche Hanndlung niemend mit gwalt, besonder mit recht gestrafft werde.

 Item zum Sübenden, das Auch allen den, so burgerlich gehandelt, mit
gewalt vnnd nit mit Recht gestrafft worden sind, vnd daruber vnzimlich ver-
schreibung vnd Burgerschafften gethon, Die söllen In widerumb herus geben,
vnnd von Jnn ein alt zimliche vrfeben genomen werden. Doch wo einer oder
mer, der denen Rechten vnd der Oberkait widerwärtig vnnd In Zimlichen

billichen sachen nit gehorsam sein wolten, mit erpettung, die zunerhelfen gehorsam zu machen.

Item zum Achenden hoch vnnd groß beschwernngen, das ettlichen, so Ir sachen mit Recht erobert, von der Herschafft mit gwalt widerumb darvon enttrungen vnd entsezt worden, vnd etlichen, so Ir Recht ain fürgang vnd die Oberkait thain fug darjnnzu haben vermaint, Im das Recht wider billichkeit verzogen worden. Als nämlich ainem beschechen, So ains Bidermanstochter Zu der ee genommen, die ainen Zins, so Ir vatter mit vergunst der Herschafft vß ainem lechengut erkaufft als ain recht Elich vnd ainig verlassen Kind ererbt, das die Herschafft Ir einzunemen vnnd ainem andern zugeben verbotten. Ir man von Irn wegen Im Rechten gestreckt vnnd nit wehtter seins Rechten bekommen mögen. Das doch nit sein solle, Insonder Jedem gegen der Herschafft vnd allen andern vmb Ir vordrung vnd spruch gegen ain annder fürderlich recht gedeihen vnnd verfolgen. vnnd auch die Herschaft vnnd wir die gemain, so In der Herschafft Sizen, vmb vnser vordrung vnnd Spruch ain annder vß thain frembd gericht laden, Insonder In den gerichten, darjnn wir sizen, bi Nrecht beleiben lassen söllen.

Item zum Neundten des groß klag vnnd beschwerd, vil der vrtailn vorm stab zu Khslegk anßgangngen, vnnd anß beschwerdt für die von schellenberg geapeliert vnd Bogen worden vnnd bi Zehen Jarn hinder In als der Oberkait vnerwehtterrt gelegen, die söllen Jezo vnnd hinfüro alwegen In Dreyen Moneth, darmit der arm man nit rechtloß stand, vßgefüret werden.

Item zum Zehenden groß vnnd hoch beschwert aigener guetter, men vnnd handtlechen halb demselbigen, nachdem vnnd Sy lechen pflicht vnd alles, das sy von lehennswegen zu thon schuldig, gethon, vnd entpfanngen, Inen sollich aigen gut zu gebruchen vnnd zu Irm nuz vnd notdurfft das gut, Zins, holz oder annders darüß zunersetzen vnd zunerkaufen verbotten vnnd nit vergunen worden, vermainend, der lechenher Inen die guetter zunerkauffen, Zins darauß zunersetzen vergunen vnnd Jedem zu seinem Rechten zu leichen schuldig sein sölle.

Deßglichen auch annder, so lechen guetter vnd von der Herschaft entpfangen vnd vnverschazt haben, Zins vnd gelt geben, die vnder ain anndern Herr, Strow, Holz vnd anders one wüstung vnd verendrung der gelegen gut zunerkoffen vnd koufen macht haben.

Item zum Aylfften ettlicher beschwertt, So aigen vnnd von Irn elttern ererbt guetter vnder annder, so von herrn lechenguetter vnd gemain holz haben, haben In die hern zu Irem nuz vnd spruch vß gemelter gemaind, vnnd verpiet In ouch darzu ober das, In rahttinn zu machen, not vermainendt die Herschafft Ir howens vß der gemain abzustellen oder die hölzer mit In zu tailn vnnd Sy hinfüro nach Irer notdurfft rautinn machen lassen. Sind ouch Etlich, habend aigen hölzer, nit Inn ainer gemain, darinn die Herschafft nichtz zu schaffen, noch dannoch gebiet In die Herschaft, Inen darüß thannen zu howen one bezalung, Inn die och hin vnnd wider on alle belonung zu britter oder annderm zu fürn.

Item zum Zwölfften vermeinent etlich, Inen sendt In kurzen Jaren Schnitter vnd mader In Ir aigene guetter, So man Jezund meiner, schnitter vnnd er mader, komen, vnd vor nit gewest, zu geben nit schuldig sein söllen, Ouch hinfüro nit geben wöllen.

Deßglichen Ire zwen sich ouch beschwertt vnd beklagt, wie das sy auß Jrn aigen guetter der faist lenner kain Zechen fürn, Insonnder yeder Zechen-Innhaber darfür schuldig vnd thain mer ligen lassen wöllen.

Item Zum Dreyzehenden hat Sich einer beklagt vnnd beschwert, wie sein altuorrbern ainen drittail an ainem gut, daruß die Herschafft 1 malter haber vnnd 1 pfund pfenning Zins gehapt noch hab für denselbig drittail gutz sein vordern iv ß dn. Zins vß ainem anndern gut, so lechen, als für em schenkin gegeben, vom gut getrungen worden Jetzund nun sollichen Zins für lechenfellig halten vnd nit verfertigen wöllen söllicher schenkin nicht aber Recht darumb begert.

Item zum vierzehenden große beschwert der todfäl halb, wyssend vnnd war, das von kayserlichen rechten endlin vnnd geschwisterzitenkind, darmit sy nit lib vnnd gut verlieren vff ainen tag verliern, zu Erben zugelassen sind. Aber so gestorben dinem Biderman sein weib oder ainer frawen Ir man, die Herschafft vom man genomen das best hopt, darzu besten einschlouft, zwer, pren, gegossen howen vnnd annders u. s. w. von der frawen Iru besten einschlouft darzu Ir bet vnnd bestatt, das haist vnnd Ist ein fall, dan er gesellt manchen waysen In groß verderbung vnnd armut das man doch zu geben nit schuldig sein sölle.

Item zum funfzehenden. So ist ouch beklagt, das ettlich waysen, so benögt, Ir erb vnd gut, wa oder wievil das sey, begerendt von vögten Rechnungen vnd Zaigung vnd das anzulegen, desiglichen, die vogtheyen gehapt, ain zimlich belonung hinfür Irer versomung, vnnd vmb sunst nit mer darzu getrungen werden, vnnd was die vogt von wegen Iren vogtheyen handlen, solle die Herschafft fürgen oder der aid der vogtheyen enntlassen werden.

Item zum Sechzehennden, so begern und wöllen der ain tail der Herschafft, das die kayserlich frybait, So vor Jaren Erlangt, vnd sy die armen leut bezahlt haben, das dieselbig bi Inen vnnd Irm hern, So Ietzo oder hinfüro sein wirt, In der Herschafft bleiben sölle.

Item zum Siebenzehennden groß beschwerung des sacrement der ee halb, dann so ains oder mer vber halb der Herschafft Zur ee grifen, Straffgelt so genannt vngenosamj geben oder ettwann gar von seins vatter erb muessen. Darzu ouch, etlichen vatter vnd muter Inen haimsthurn wie annderen Kinder zu geben verpotten. Das solle angesehen der grossen geschlecht hinfüro zu bescheden vermiten, vnnd niemandt sein haimstuir, vätterlich noch mutterlich erb vorhalten, Insonnder verfolgen vnd vngestrafft lassen.

Item zum Achtzehenden, wyssend vnd war, wie das vnnser pfarr mit jarlichen großen abstennd beschwerdt, vnnser mabnung, das hinfüro kain priester, der die pfarr besitzt, von den nutzungen vnnd eingenutzen, zu der pfarr gehörend, abstennt danon nit zu geben, besonnder die Im vnd anndern dienern der Kirchen bleiben, folgen und zuston.

Sollicher erzelt vnnd angezaigt beschwerungen ernstlich bittende wollen vnd mahnen, das die billich hingelegt, abgestelt vnd vnnderlassen bleiben söllen.

Mit erbiettung, dann die gerechtigkait jedem gibt, das vnnd souil Im zugehört, Zins vnd gelt sy den guettern, wie von alther mit sampt ainer Zimlichen stuir, darmit wir ain schirm vnnd obern haben, zugeben. Doch hiemit die beschwertt der Schwein- noch henn gült, daß die nit als beschehen vi oder vij Pf. haber, besonder souil gelts als In brieffen, gultbuechern oder wie von alther wertt sein söllen.

Item zum lesten so wollen wir vnns der Zehenten, groß vnnd klain, wie man den zugeben schuldig, vnd ob der mensch nit libaigen, die visch in fliessenden wassern, die vögel In lufften, die thier In wäldern ouch mit verpannen, besonder frey sein sollten, das wöllen wir, wie es ob vnns, vnnder vnns vnnd vor und hinter vnns gesetzt vnd gemacht wirt, In genns erwarten vnd des nit entsetzt sein. besonder dem ouch zugeleben vorbehalten haben.

[Gütigst mitgetheilt von Hr. Direktor Yeylus in Wolfegg.]

p. 7, Anm. 20. Nobling 126 (nach memminger Rathsprotokollen).
p. 7, Anm. 21. Nobling 129—130.
p. 7, Anm. 22. Die Landschaft rechtfertigte in ihrer Antwort auf die Klage des Fürstabts dieses Vorgehen mit den Worten: „der viele und heftige Andrang fremder Bauern habe sie von ihrem ehrbaren, frommen Vornehmen gedrängt und genöthigt, bei und mit diesen zu sein." (Kempt. Bauernkriegssachen, mitgetheilt von Cornelius.)

p. 7, Anm. 23. Knopfs Geständnisse.
p. 7, Anm. 24. Meine Beschreibung der obertorfer Versammlung fußt durchaus auf dem Berichte der Statt Schongau an den Herzog Wilhem von Bayern. (B. Schw. III, 123.) Nach diesem fand die Versammlung statt: „freytags vor herrn Fastnacht", d. i. am 24. Febr.

p. 8, Anm. 25. Diese Verfassung ist in den s. g. allgäuer Artikeln niedergeschrieben (gedr. bei Cornelius, Studien zur Gesch. des Bauernkriegs p. 199—201). Obwohl dieselben den Namen ihrer Urheber nicht angeben, unterliegt es dennoch keinem Zweifel, daß sie das Werk der Allgäuer sind. Denn 1) sie bezeichnen sich selbst als im „Oberland" entstanden", 2) sie wurden am 2. März 1525 von dem Amman mit sainen angezaigten des weingartischen Dorfes Aufnang bei Leutkirch als die „articul, wie ain gantze Landschaft sich vereint haben", nach Weingarten gesandt. Da sie selbst den 24. Febr. als den Tag ihrer Entstehung angeben, so können sie nur in Oberdorf entstanden sein, weil nur hier an diesem Tage eine Versammlung stattfand, auf der sich „eine ganze Landschaft vereinigte." (cf. Cornelius l. c. 160)

p. 10, Anm. 26. Angabe des vorerwähnten schongauer Berichts.

p. 10, Anm. 27. Furtenbach bei Oechsle p. 467. Steichele, Beiträge zur Geschichte des Bisthums Augsburg p. 337.

p. 10, Anm. 28. Berichte der Stadt Landsberg (27. Febr.), der Pfleger zu Schongau und Rauhenlechsberg (24. Febr.) an Herzog Wilhelm von Bayern. B. Schw. III, 148 und IV, 87, darnach Jörg 426, Anm.

p. 11, Anm. 29. Furter p. 3—14. Von den Kaufbeurern sagt er p. 10: „in nostros subditos diu suorum dogmatum virus fudere atque ad tale facinus deforme perpetrandum concitauere." Der Bürgermeister Honold, ein eifriger Lutheraner, wollte die im Text genannten Bürger nicht vermitteln lassen. „Nec mirum", bemerkt Furter darob ergrimmt, „quoniam ut maximus erat Lutheranorum fautor, ita piorum hominum adhuc in catholica fide perseverantium emulus pessimus." S. auch Jörg 178, Anm. 5.

p. 11, Anm. 30. Die weitläufigen Artikel dieser Dörfer stehen B. Schw. IV, 186—89, cf. Cornelius l. c. 175, Jörg 257.

p. 11, Anm. 31. Bericht des Mathies Mair an den bayerischen Hauptmann Pfeffenhauser in Schongau (ohne Datum), B. Schw. IV, 1286. „Ich laß euch wissen, das ietz am Freitag sibenhundert bauren vor dem closter Irse, die all dem abt zugehern, Weitter das des bischoffs, graf Haugen und des abts zu Kembten Bauren in ainer punttung, und so die sturmglocken von bayrn her gat, So wurtt Auffsein, was stab und stangen ertragen mogen. Die zu Kaufbeirn sint an der aschermittwoch nach der complet ob CCᶜ man am platz gewest vnd vnter 50 messer nit enblöst worden, aber nit sunder phadt (sic!) beschehn, des hunger tuchs halb. Furſteiner hat in der Kürch ain predigtſtul laſſen aufrichten, wil leſſen das wort Gottes." Daraus Jörg 177—178. Ueber Kempten f. Haggenmüller I, 515.

p. 11, Anm. 32. Feyerabend L c. III, 48.

p. 11, Anm. 33. Robling 130 ff.

p. 11, Anm. 34. Walchner p. 58 und 250, Beilage XI. Hiezu noch der Bericht Wernher Volkers von Freiberg zum Eisenberg an Herzog Wilhelm (B. Schw. III, 126). dt. Memmingen, Sonntags zu vasnacht vmb xij ur nachmittag: „Die pawren der vogtey Rauensburg haben sich nit wellen mustern oder schicken lassen wider Wirtemberg, Sonder gesagt, Sy sein iij mal gegen im ausgezogen. Dagegen Inen kain ergetzlichait nie beschechen. So sein in uij tagen vmb den Bodensee ob xᵐ pauren zusammengefallen, das Closter Langen bei Tetuang eingenommen, doch nichts dan profand genommen. Vnd kurtz der mainung, kain kriegsvolk von Inen zu lassen. So sein die Algewische, auch Abt von Kempten pauern ob xiᵐ starck auch zusammengefallen. Dergleichen all pawrschaft vmb Biberach genant auf dem Riedt ob xviᵐ starck auch zusammengefallen, denselben altag, mer zufallen. Ain ygliche Dorf von allen pawren sein beschwernuß anzuzaigen, das auf morgen vom Bundt gehört werden sol bey Vlm. Bei diesen pawren sol Wirtemberg selb iij In aigner person vor viij tagen gewesen sein. Auch etlich viel pawren vmb Wurtza vnd ytdewren sich auch zusammenurotten. Es haben auch die pawren vmb Wurtza den von Wurtza zuempotten, inen zuzufallen, aber vor Sy zuziehen. Es hat auch von Memmingen aus gegen den Bodensee gros sorg der versamelten pawren halb bei tag zureiten, wie ich dan von inen angesprengt worden bin."

p. 12, Anm. 35. Diese Thatsache erfahren wir aus der werdensteiner Chronik, Scharff, Ref. von Isny p. 24, Haggenmüller I, 514.

p. 12, Anm. 36. Knopf nennt Miller in seinen Bekenntnissen den Verfasser ihres Bundesbriefs und fast aller ihrer Schriften.

p. 12, Anm. 37. Knopfs 2. Bek.: „Sagt, er vnd ander sin miträt haben die andern versamlung gemacht uf der Lubas. Bekennt lutter, das er alle gutlichait durch Joachim Marschalk an der Lubas gewent und abgeschlagen hab, kan aber nit angeben, wer im geholffen hab, dan dz der ganz huf zu im gefallen sy. Sin Mainung sy gewest, dz sie sich nit trennen lauffen sollen, dan wo sie sich nit zusammen halten und ertrennen laußen, mögen sie dem bunt kain widerstant thun, und werd ir furnemen kain furgang haben, sonder shen al vertriben vnd verderbt."

p. 13, Anm. 38. Hauptquelle für diese luibaser Versammlung sind die kemptischen Landschaftsakten. Ich folgte Zimmermann, der (I, 286—88) dieselben besser benützte, als Haggenmüller I, 514—15.

Die Werdensteiner Chronik kennt am Fastnachtmontag noch eine zweite Bauernversammlung zu Martinszell. Da Ritter Georg von Werrenstein diese selbst besuchte, kann das Datum nicht wohl verfehlt sein. Darum möchte anzunehmen sein, daß Martinszell zum Sammelort bestimmt war, von dem aus die Oberallgäuer gemeinsam gen Luibas zogen.

p. 13, Anm. 39. Die einzige Quelle für diese Versammlung war bisher Furtenbachs Bericht (bei Oechsle p 468). Aus ihm schöpften Haggenmüller I, 516 und Zimmermann I, 289. Furtenbach nennt als Theilnehmer desselben namentlich nur: Peter Miller von Sonthofen, Walther Bach und Peuchlin von Oy, Thomas Bertlin von Nesselwang, Michel Kempf (auch Kempter) von Nesselwang, den Knopf und Hans Werz von Wertach. Jetzt ist eine zweite Quelle in Knopfs Bekenntnissen aufgefunden.

p. 14, Anm. 40. Dieses Schreiben ist gedruckt bei Cornelius, l. c. 201—203, und steht abschriftlich in B. Schw. IV, 222—224.

p. 14, Anm. 41. Das Schreiben steht B. Schw. IV, 198, daraus Jörg 427.

p. 15, Anm. 42. Das Schreiben an Füssen bei Oechsle p. 468, das an Pfronten abgedruckt bei Steichele, Beiträge zur Gesch. des Bisthums Augsburg p 337, Anm.

p. 16, Anm. 43. Schreiben des weingartner Großkellers an seinen Abt Gerwig, dt. fritags nach Valentini (unter den weingartner Bauernkriegsakten im stuttgarter Staatsarchive).

p. 16, Anm. 44. cf. Mone, Quellen II, 121, §. 7: Bauernkrieg am Bodensee, daraus schöpfte Zimmermann I, 286, s. auch oben Anm. 34. Der Bauernkrieg am Bodensee nennt Raitnau unrichtig als Ort der Versammlung, denn daß sie in Rappersweiler stattfand, ergibt sich aus den gleichzeitigen Schreiben, welche das weingartner Missivbuch aufbewahrte. Er bezeichnet den dort gebildeten Haufen als „allgäuer Haufen." Unter Allgäu aber versteht das Volk (ebenso die Verhandlungen, welche im Mai zwischen dem schwäbischen Bunde, Bayern und dem Erzherzoge Ferdinand geführt wurden) jene Gegend, welche südlich von der heutigen bayerisch-vorarlbergischen Grenze von dem bregenzer Walde und dem Lechthale abgeschnitten wird, welche östlich dem Lech von Schwangau bis Schongau von Bayern trennt, welche nördlich eine Linie über Irrsee, Ottenbeuren, Memmingen, Wurzach von Oberschwaben scheidet und welche westlich durch eine Linie von Wurzach bis Niederstaufen etwa begrenzt wird. Im 16. Jhrhdt. gab es jedoch noch einen uneigentlichen weitern Begriff des Allgäus. Man verstand unter Allgäu auch alles Land, das den Sprengel des Landgerichts auf leutkircher Haide bildete, also Oberschwaben bis an die Donau und Augsburg. In diesem weitern Sinne nennt sich Abt Gerwig von Weingarten einen Allgäuer (s. Zimmermann I, 283), und gibt Münster in seiner Cosmographei den Umfang des Allgäus an. Vielleicht dachte auch der salemer Mönch an diesen weitern Begriff, als er den rappersweiler Haufen den allgäuer nannte.

p. 16, Anm. 45. Beschreibung des Oberamts Tettnang, Art. Langnau. Auch zwei Lindauer Stadtkapläne Thomas Gaßner und Joachim Gögel waren nach Faber unter die Bauern gelaufen. S. hist.-polit. Blätter, Band 62, p. 506—508.

p. 16, Anm. 46. Holzwart sagt von den Seebauern (p. 44 a): „Cum tota Suevia absque controversia omnium nationum sit bellicosissima, certe in ipsos Suevos nulli sunt pugnatiores iis, qui ad paludes habitant. Vgl. auch die Aeußerung des Ritters von Wolfstein bei Jörg 240 über die Bodenseer. Ich benütze diese Gelegenheit, um einen verwirrenden Irrthum Wolfsteins zu verbessern. Er sagt nämlich, daß er die Bauern bei Waldshut angetroffen, meint aber, wie sich aus dem Zusammenhange ergibt, nicht das schwarzwäldische Städtchen, sondern Waldsee in Oberschwaben, in dessen Nähe am 13. Apr. das bündische Heer, bei dem Wolfstein stand, mit den Seebauern kämpfte.

p. 17, Anm. 47. Letzterer ist sogar „Obrister des gantzen Haufen Bodensee" Anfangs April. Wolfegger Archiv, fasc. Militaria 9890, litt. q. 3.

p. 17, Anm. 48. S. oben die Berichte Volkers von Freiberg, dann Berichte des weingartner Großkellers vom 3. und 5. März, des Abts Johannes von Weissenau an Abt Gerwig vom 4. März. Weing. Bauernkriegsakten.

p. 17, Anm. 49. Mone, Quellen II, § 8—10 und die in voriger Anmerkung genannten Schreiben.

p. 17, Anm. 50. Bericht des weingartner Großkellers: es wirt von den pauren vnnderm huffen gehört, sie wellen nit allein die, so vber die man schrig, sunnder all annderu Herrn vnnd Stettlut mit gewalt zu Jnen haben und pringen. Es ist ouch gruntlich war, das die gemaind zu Altorff sich häftig empört, vnd ist zu besorgen, all E. G. diener werden sie zu Jhnen erfordern. 3. März (freitag post esto mihi). Weing. Bauernkriegsakten.

p. 18, Anm. 51. Bericht desselben Großkellers vom 7. März. Vgl. Grimm, Gesch. von Altdorf 185. Mone l. c.

p. 18, Anm. 52. Pappenheim, Chronik der Truchseßen I, 184, Keßler p. 327. Sabbata 18, Anm. 53. Rohling 127 ff. Hist.-polit. Blätter, Band 58, 721—722.

p. 18, Anm. 54. Diese Thatsache theilt die beggbacher Chronik mit (Pflummerns Annalen III, 736).

p. 18, Anm. 55. Quellen für die Gesch. der Baltringer sind besonders die in Pflummerns Annalen enthaltenen Aufzeichnungen. Nach Auszügen aus denselben gab Zimmermann (I, 284 ff.) eine Darstellung der baltringer Erhebung. Sehr wichtig sind auch Keßlers Sabbata.

p. 19, Anm. 56. Ausführlich handelt über die Politik des schwäbischen Bundes und des Dr. Eck nach den im B. Schw. enthaltenen Akten Jörg 141, 402—412.

p. 19, Anm. 57. Bericht des hessischen Bundesraths Eberhard von Rodenhausen an Landgraf Philipp. dt. Ulm, Sonnabend nach Agathe (11. Febr.) Holzwart 186.

p. 19, Anm. 58. Ueber Ulrich Schmid spricht eingehend Keßler (Sabbata 322 ff.). Mit seinen Angaben stimmt die bauernfeindliche beggbacher Chronik überein, s. unten.

p. 20, Anm. 59. Jörg nach Ecks Berichten 404—407. Keßler l. c. Rodenhausens Bericht vom 11. Febr.

p. 20, Anm. 60. Jörg 403 und 407.

p. 20, Anm. 61. Dieses Mandat, gegeben afftermontags nach Appollonie-Tag steht im B. Schw. IV, 12.

p. 20, Anm. 62. Haggenmüller I, 513.

p. 20, Anm. 63. Rodenhausens Bericht, dt. Ulm, Sonntag nach Valentini, Keßler. Ueber die Regelmäßigkeit der Versammlungen berichtet die beggbacher Chronik in Pflummerns Annalen III, 739: „sie thaument alle ronstag zusament in das Ried die baltringen in den thlaren haussen zusament vund vnnterredet sy mit ainanntern," ebenso Amandus Schäffer, ebendort III, 673.

p. 21, Anm. 64. Ueber die Stellung Ulrichs zu den Oberschwaben werde ich unten eingehend sprechen müssen.

p. 21, Anm. 65. Hauptquelle für die Kenntniß des 26. Febr. ist Keßler, vgl. auch Jörg 263, Cornelius 175.
p. 22, Anm. 66. Keßler 326, vgl. Stälin IV, 270.
p. 22, Anm. 67. Hist.-polit. Blätter, Band 58, p. 722. Daß Schappeler auch außerhalb Memmingen auftrat, hiefür spricht ein Schreiben des Bischofs Christoph an seinen Probst zu Oberdorf, dt. Dillingen, dominica post Sebastiani, anno 25: „Lieber getreuer. Vnns langt an, wie der prediger zu Memmingen willens sey, auff nechst kunftigen Sonntag zu Kauffbeuren zu predigen vnd sich beh Sampstags dahin zufuegen vnnd zeziehen, demnach vnnser bevelch, du wellest auff das haimlichest, wo du das one große empörung oder auffrur des volcks tun vnd zu wegen bringen magst, bewerben vnnd darzu richten, auch auff Jn halten vnd fleiß tun, ob du den gedachten prediger mechtest ernierderwerfen, vnnd vns denselben alsdann gefencklich von stund an zu bringen, vnd kein costen oder mue darbunnen sparen, doch wo du große empörung oder auffrur besorgtest, so wellest sollichs vnterlassen, vnd nach deinem guten beduncken handlen, daran thstu vnnser meynung."

Also so groß war der Einfluß Schappelers unter dem Landvolke, daß seine Verhaftung selbst in dem entlegenen Oberdorf einen Aufstand befürchten ließ. Der Brief liegt im bisch. Ordinariatsarchive zu Augsburg (mir mitgetheilt von Domcapitular Steichele).

p. 23, Anm. 68. Keßler 326, theilweise abgedruckt bei Stern p. 137. Ueber Lotzer und seine Lehre stellte ich alles zusammen, was Rohling zerstreut bot.

p. 24, Anm. 69. Keßler 327.

II. p. 25, Anm. 1. Rohling 140—141. Es waren bei 50 Gesandte. Die Krämerzunftstube wies ihnen der Stadtrath zum Berathungsorte an. Wie machtlos er übrigens war, bewies der Umstand, daß die Bauern ihn gar nicht einmal um Erlaubniß gebeten hatten, in Memmingen zu tagen. Rohling 141.

p. 25, Anm. 2. Sie trägt den Titel: „Handlung und selbartikel, so fürgenomen worden sind uf montag nach der alten vaßnacht von allen hufen vnd reten, so sich zusamenverpflicht in dem namen der heyligen vnzertheilten drhvaltigkeit. Anno 1525. Das einzige bekannte Exemplar ist im freiburger Stadtarchive. Dorthin kam es vermuthlich durch Veltlin Rich, einen Kundschafter, der von Freiburg ausgesandt sich im Allgäu herumtrieb. (Schreiber, der deutsche Bauernkrieg 1525, p. 46.) Abgedruckt ist dieses Exemplar bei Cornelius 187—190 und Schreiber, l. c. nro. 158, p. 18—20.

p. 29, Anm. 3. Keßler 327—328.

p. 31, Anm. 4. Wie gerade die Laien arbeiteten, lehrt uns die werdensteiner Chronik erkennen. Als Ritter Georg auf die martinszeller Versammlung kam, „da waß," wie er sagt, „Einer auff dem wagen, der Prediger, hieß mit Namen hanß Bl von Oberdorff. Vnnd sagte, der Herzog von Sachsen zug daher mit 60 tausent Mannen vnnd wette das Euangelium helffen beschiermen." Von einem andern Prädikanten Schweikart s. Rohling 126.

Uebrigens genügte auch Schappelers Redeweise, um das Volk für sein Evangelium zu gewinnen. Er predigte z. B. am Sonntag nach Andreas 1524 also: „das got gelobet sey, das die leyen bederley geschlecht gelerter seyen dann die pfaffen vnd das gots wort baß finden verkünden vnd es sey rhein pfaff, der wiß waß euangelium in teutsch haiß, vnd sey alles noch ein scherh, das recht werd erst hernach kumen vnd werd erst jamer vnd nott, vnd got gelobet; das die warheit erst an tag kumen, die lange Zeit durch die pfaffen von irs nutz wegen vnderdruckt vnd verhalten sey worden." Beweisstelle gegen Schappeler in der Auflageschrift des fisci procurator gegen denselben (Ende 1524). Augsb. Ordinariatsarchiv.

In derselben Schrift wirft der Procurator Schappeler vor, er habe an einem Adventsonntage von den altgläubigen Geistlichen gepredigt: „sie seyen ellend gottloß pfaffen vnd sonderlich alle ander prediger mistfinden, tücherrvnd suppenprediger."

p. 32, Anm. 5. Dasselbe befindet sich in Stuttgart und ist abgedruckt bei Cornelius 191—201.

p. 31, Anm. 6. Furter sagt von den Irrseern: „commune habuere consilium, utrum vel globum in Oberdingau, vel gyntzburgensem adiuturi."

p. 34, Anm. 7. So in der von Waldner mitgetheilten weingartner Vertragsurkunde.

p. 35, Anm. 8. Die Bundesordnung erhielt, abweichend von dem Entwurfe, jetzt den Titel: „Handlung und artickel, so fürgenomen worden auf aftermontag nach Innocauit von allen retten der hauffen, so sich zusammenverpflicht haben in dem namen der heiligen, unzerteilten dreieinigkeit." Sie findet sich öfters handschriftlich, z. B. im B. Schw. allein dreimal (überfandt von Weißenfelder aus Ulm am 16. März, von Egloffsteiner aus dem Kirchheimer Haufen am 21. März, von Ritter Christoph Fuchs aus Stockach am 16. März. B. Schw. IV, 306—307, IV, 326—327, IV, 292—295). Letztgenanntes Exemplar, das älteste der drei, hat einen pleonastischen Schlußartikel: „Item wen Raubische gueter vnnser mitnerwanten diser cristenlicher verainigung Entwerdt wurden, sollten die in diser verainigung mit passiern lassen noch tauffen, noch vnderhalt geben." Da ebendieselbe Bestimmung schon in der Bundesordnung steht, so scheint die Wiederholung derselben ein Irrthum des Abschreibers zu sein, denn alle andern Exemplare und Drucke haben diesen Schlußartikel nicht.

Ich kann hier nicht umhin, zu bemerken, daß die Herdsteuer des Entwurfes wenigstens bei den Baltringern nach der Angabe des von Rodenhausen erhoben wurde. Er sagt nämlich von den Baltringern: „Haben auch) an gemein anlag vnder inen gemacht vnd ein jedes haus uf zwen creutzer gesetzt, also das sy in summa sechshundert gulkin zusammenbracht, mit welchem gelt sy den pottenlon vnd anders von irer aller wegen in der gemein anrichten." dt. Ulm, März 10. Bestätigt wird Rodenhausens Angabe von Ulrich Eberau von Wildenberg am 29. März (Jörg 239). Es scheint demnach, daß jeder Haufe selbstständig sich bestehuren konnte.

p. 36, Anm. 9. Die Schwörartikel sandte Fuchs mit der Bundesordnung nach München. Auch der Bauernkrieg am Bodensee weiß von ihnen (Mone II, 121, § 7). Sie lauten nach dem im B. Schw. IV, 295 stehenden Exemplar:

Die Articl, so zusammen gesworn sind.

Item das wir wellen, vns das heilige Evangelium vnd wort gots Lauter vnd clar anvermischt menschlicher lere mit seinen fruchten von geschickten verstendigen der heiligen geschrift gepredigt vnd fürtragen werdt.

Item zum anndern das wir götlichs vnd cristenlichs Rechtn an gebürlichen orten vnd Enden gegen meniglichen, so vns bisher beschwert haben Erbieten, nemen vnd geben wellen, vnd darbey bleiben.

Item zum Dritten das wir wider got nyemandt anderst dann wer vnns bey solhn fürnemen mit bleiben lassen zusamen geschworn haben vnd kein wider sein herrn vnd obrigkeit weiter dann die abgeschriben Articel (die Bundesordnung) ausweissendt schwern noch sein solln.

p. 36, Anm. 10. Das Schreiben liegt in Stuttgart und ist gedruckt bei Cornelius 203—204.

p. 36, Anm. 11. Nach dem memminger Rathsprotocoll bei Cornelius 162—163.

p. 37, Anm. 12. Dieses sagt Rodenhausen in seinem Berichte vom 10. März.

p. 37, Anm. 13. Cornelius 155 vnd 161 (nach dem memminger Rathsprotocolle).

III. p. 38, Anm. 1. Dieses befürchtete der Bundesrath am 7. März. Schreiben desselben an Herzog Wilhelm von Bayern. B. Schw. IV, 205.

p. 38, Anm. 2. Jörg 412—417.

p 38, Anm. 3. Cornelius 163.

p. 38, Anm. 4. Cornelius 177.

p. 39, Anm. 5. Schreiben des Abts Gerwig an Hans Dionys von Königseck, bt. Weingarten, Sonntags reminiscere. Weing. Missivbuch, Band VIII: „.... geben Euch zu erkennen, das wir auf yetz Dorrnstags bei den Bawren, so um feld unnder unnserm gotzhaws ligen, gewest sein, unnd mit Inen der von Allendorff wegen zum trewlichsten gehanndelt, Aber nichts fruchtbarlichs erlanngen mügen, sonnder die sachen dergestalt erfunnden haben, das wir selbs nit wissen, wie wir unns in die Sachen schicken wellen, so kennden wir Euch auch nit lautter berichten, was der versammlung des Bundts gemiet oder mainung sy, gegen den Bawren enndlich fürzunemen, Aber auf yetz Mitwochs vergangen, alls wir zu Blm ausgeritten sein, ist durch die versamlung des Bundts beschlossen worden, die Burgermaister der Stett Memingen, Gmund und Rauenspurg zu den Bawren hauptleut vnd Rät, so zu Rappenschweil ligen zuschicken vnd mit Inen hanndeln zu lassen, vnd die sind auf yetz freittag zu Rauensspurg ankomen, vnd haben auf samstag darnach mit angeregten Hauptleuten vnd Räten zu Lannuggenargen laut der Versamlung des Bundts beuelch gehanndelt, von denselben ist bemelten Burgermaistern zu Anntwurt worden, das sy Inerhalb Achttagen gemainer Versamlung des Bundts ettlich Artifel Irer beschwerden halb vnd was Ir fürnemen sey schrifftlich oder müntlich zuschicken, in mitler weil wellen sy gegen nyemands nichts Args oder vngnets fürnemen oder hanndeln."

  p. 39, Anm. 6. Altdorfer Rathsprotocoll bei Grimm, Altorf p. 185. Damit übereinstimmend meldet Fuchs von Stockach aus an den Truchsessen Georg, dt. Stockach, 16. März: „Ist erst heut der Vorstmaister phannenstil auch hieher komen, bericht vnns, daz flecht yedermann pfaffen vnd Layen zu Altdorff zu den pauern Swern muessen, ausgenomen Lanndrichter, Lanndtschreiber vnd Er. Vorstmaister. Aber sy haben so ernnstlich auch zu swern an sy gesonnen, daz Landrichter vnd Er vorstmaister vorgeßter auch entrunnen seyen." (B. Schw. IV, 280, Copie.)

  p. 39, Anm. 7. Mittheilung Georgs von Benzenau auf Nemnat an den Hauptmann Pfeffenhauser in Schongau B. Schw. IV, 246.

  p. 39, Anm. 8. Furtenbach bei Dechsle 467.

  p. 39, Anm. 9. Pfleger Pappenheim von Füssen meldet diese neuen Verhandlungen am „sambstag der quottember in der fasten" an den landsberger Hauptmann Egloffsteiner. B. Sch. IV, 246.

  p. 39, Anm. 10. Furtenbach l. c. 469.

  p. 39, Anm. 11. Haggenmüller I, 517.

  p. 39, Anm. 12. Beispiele: Ritter Conrad Fuchs zu Ebenhofen meldet an Herzog Wilhelm dt. grünen Donnerstag: „Bin seit der Ersten vastwoch nye auf kain Roß kunen, darff kain tritt mer vom Hauß." B. Schw. V, 315. Georg von Werdenstein floh am 2. Apr. mit seiner Familie nach Kempten, nachdem er seit Fastnacht im weltlichen Banne, von aller Welt, außer seinem Knechte Waldvogel, verlassen auf seiner Burg gelebt hatte. Werd. Chronik p. 89.

  p. 39, Anm. 13. Furter p. 16.

  p. 40, Anm. 14. Weißenborner Chronik 292—297.

  p. 40, Anm. 15. Altdorfer Rathsprotocoll bei Grimm l. c. 158.

  p. 43, Anm. 16. Der einzige Kundschafter, welcher von einem derartigen Plane Ulrichs redet, ist der öfters genannte Ritter Volker von Freiberg. Dieser meldete am 26. Febr.: „ich han auch bei meinem Sweher Erfarn, das bey dem Dorf Deropeurn dj Switzer vnd der von wirtenberg mögen bereinkömen auf Rotenfels ober den puechnberg vnd zwischen pregentz vnd feltkirchn übern Rain Raithen, Vnd dj Switzer haben zur gewst (nicht Gams, wie Jörg 171 hat) einen weg herab gemacht, do vor nie kainer gewesen ist, den man auch farn vnd Reitn mag." Er erfuhr diese Nachricht bei seinem Schwager Wolf von Schellenberg in Kislegg. Wie man sieht, ist sie nur eines der in aufgeregten Zeiten üppig blühenden Gerüchte. B. Schw. IV, 124.

  An demselben Tage meldete Volfer noch: „bei disen pawren (den Baltringern) sol Wirtenberg selb 3 In aigner person vor 8 tagen gewesen sein." Also wieder ein Gerücht, das er zu Memmingen in der Zechstube aufgefangen haben mag. Daß der ganze Plan nur ein Gerücht war, beweist der Brief des Bayernherzogs an die neuburger Pfalzgrafen vom 21. Febr. Hier heißt es, Ulrich wolle die Eidgenossen an sich bringen „sambt paursuoldt, so im Hegow vnd algow,

auch zum tail am Swartzwald vnd In Swaben itz aufrurig ist, um Wirtenberg
zu erobern vnd kann den negstn mit allem volk sovil er aufbringen mög, ainen
gewaltigen zug in vnnser lanndt zethun." B. Schw. IV, 66. Hier hat das Gerücht
also eine neue Wendung angenommen; während es sonst hieß, Ulrich wolle zuerst
gegen Bayern, soll er jetzt dieses zu allerletzt angreifen wollen.

Eck bezeichnet darum alle Nachrichten über den Plan Ulrichs als fliegende
Mähre (Jörg 468).

Gewiß kann man aber mit fliegenden Mähren nichts erhärten, um so weniger, wenn alle gleichzeitigen Quellen die zu beweisende Sache nicht kennen oder
eine entgegengesetzte Ansicht behaupten. Der in Hohentwiels Nähe wohnende
tüssenberger Vogt Heitegg meldet z. B. schon am 14. Febr. dem Truchseßen,
daß der Herzog rüste, weiß aber nichts von Vereinigung desselben mit den Bauern,
sondern erklärt einfach, Ulrich sei willens „in sein Land zuziechen, wie Ir gut
Wissen tragen." B. Schw. IV, 17.

p. 43, Anm. 17. Stieve, Kaufbeuren p. 7, Anm. 1. Es scheint hier angezeigt, über den Kaufbeurer Fuchssteiner alles, was von ihm bekannt ist, zu-
sammenzustellen.

Die von Fuchsstein sind ein weitverzweigtes, oberpfälzisches Geschlecht.
Der hier in Frage kommende Sebastian von Fuchsstein ist ein Sohn des bayerischen Schultheißen zu Regensburg, Johann von Fuchsstein zu Glaubendorf,
dessen Bruder Wolfgang von Fuchsstein zu Ebermannsdorf Vater des berüchtigten Kanzlers wurde. Johann erhielt, als die bayerischen Anschläge auf Regensburg zu nichte wurden, von Herzog Albrecht die Pflege Burglengenfelt, und
1493 das Lehen Kalmberg. 1508 wurde Sebastian mit seine Brüder damit be-
lehnt, woher er sich Fuchssteiner von Fuchsstein zum Calmberg nennt (so noch
1525, Stieve 7, Jörg 172, Anm.). Sebastian widmete sich der Rechtsgelehrsam-
keit und weilte bereits 1517 als Dr. juris in Kaufbeuren (Stieve 7). Da ein
anderer Fuchsstein Konrad, Rath des Königs Max, die Burg Ebenhofen bei
Kaufbeuren von seinem Herrn als Geschenk erhalten hatte und von Max 1517
außerdem die Anwartschaft auf die Reichsvogtei Aitrang, welche er 1522 von
den Freibergern auslöste, bekam (Haggenmüller I, 446, 502), so ist es nicht unwahrscheinlich, daß Konrad seinen Stammgenossen Sebastian in das Allgäu rief,
um sich seiner Rechtskenntnisse zur Lösung der verwickelten Verhältnisse, welche
in der Reichsvogtei herrschten, zu bedienen. Hiebei erlangte Sebastian die Hand
der Barbara Schweikart, einer reichen Kaufbeurer Patricierin, Wittwe des Ulrich
Hauser (1515 lebte dieser noch), und dadurch die Herrschaft Westerried und Burg
Aichelschwang im Kemptischen, weßhalb er sich auch von Westerried schrieb (Jörg
172, Haggenmüller I, 442, 483).

Nach Stieves Mittheilung ließ er sich in Kaufbeuren als Anwalt unter
die Beisitzer aufnehmen. Vorübergehend trat er in freisingische Dienste (1523)
und machte als freisingischer Gesandter eine Reise nach Sachsen (Jörg 172).
Er kehrte sodann wieder nach Kaufbeuren zurück, wo er als eifriger Anhänger
der neuen Lehre sich hervorthat. Am 25. Jan. 1525 präsidirte er dem Religions-
gespräche, welches der neuen Lehre vorübergehend in Kaufbeuren den Sieg ver-
schaffte. Er gieng aber wie Schappeler consequent weiter und suchte alle Verhältnisse nach dem Evangelium umzugestalten. So ließ er sich am 1. März
einen Predigtstuhl in der Stadtkirche errichten und verkündete das reine Wort
Gottes, wodurch er, ein Zeichen, wie er dieses auslegte, den oben erwähnten Aufstand der Gemeinde hervorrief. Auch unter den Bauern wirkte er in diesem revo-
lutionären Sinne. Die bayerischen Hauptleute hielten ihn darum irrthümlich
für den Verfasser der 12 Artikel. (Jörg 178 u. 183.) Sein Einfluß muß auf
das Landvolk sehr bedeutend gewesen sein, weil Ende März die Allgäuer ihn dem
schwäbischen Bunde als Richter vorschlugen und dieser ihn durchaus nicht annahm. Am 8. Mai wollte Herzog Wilhelm sogar ihn „der Bauern Advokaten"
ersuchen lassen, er möge den Einfall der Allgäuer nach Bayern verhindern, wogegen Herzog Ludwig sich aussprach, da der von Wilhelm vorgeschlagene Unter-
händler Georg von Benzenau jenem nicht gewachsen und auf den Fuchssteiner
überhaupt kein Vertrauen zu setzen wäre (Jörg 179—180). Seine weitern Schicksale sind mir unbekannt. 1528 war er schon gestorben. (Jörg 172.) Er blieb

kinderlos, da Barbara Schweikart, Wittwe des Sebastian von Fuchsstein und Kallenberg, ihre Güter 1537 an das Stift Kempten verkaufte (Haggenmüller II, 11). Von einer Verbindung des Sebastian mit Ulrich oder dessen Kanzler läßt sich nicht die geringste Spur entdecken.

p. 44, Anm. 18. Simmler, Sammlung alter und neuer Urkunden zur Kirchengeschichte I, 119.

p. 44, Anm. 19. Die einzige Nachricht, die von einer solchen Verbindung redet, dürfte eben, weil sie von keiner Seite unterstützt wird und den Thatsachen nicht entspricht, auf einem Mißverständnisse beruhen. Bischof Christoph von Augsburg zeigte nämlich am 29. Febr. den bayerischen Herzögen den Abfall seiner Bauern an und sagte hiebei, sie seien „der pauren punctuuß Im Hegew anhengig worden." Da sie aber dem allgäuer und nicht dem hegauer Bündniffe anhängig wurden, so möchte hier einfach ein Schreibfehler vorliegen und statt Hegew Algew zu setzen sein. B. Schw. IV, 170.

p. 45, Anm. 20. Zum erstenmale werden die 12 Artikel in der Geschichte des schwarzwälder Bauernkriegs Anfangs Mai genannt und zwar als Artikel der Waldbauern (Stern 117).

Man kann daher annehmen, daß sie bereits im April im Schwarzwalde waren.

p. 45, Anm. 21. Sterns Quelle ist Fabers Schrift: „Ursach, warumb der widertewffer Patron und erster anfenger Doctor Balthasar Hübmair zu Wien auff den zehenden tag Martii Anno 1528 verbrannt sei. (Getruckt zu Dresden durch Wolfgang Stöckel." Ich las das auf der münchner Staatsbibliothek befindliche Exemplar.

p. 47, Anm. 22. Villinger Chronik bei Mone, Quellen II, 90.

p. 47. Anm. 23. Noch bis in den April hinein konnten die stokacher Commissäre, welche nur das weltliche Recht gelten ließen, zwischen den Schwarzwäldern und ihren Herrn unterhandeln. Lehrreich für die Gesinnung der erstern ist ein Schreiben des Abts von S. Blasien an jene Commissäre vom 6. Apr. Er kündigte ihnen darin an, daß seine Bauern am 5. d. M. ihm erklärt hätten „sie würden keinen Tag mehr zu Stockach leisten." Allein weit entfernt, jetzt das göttliche Wort als Richter zu erklären, erwähnten die Schwarzwälder nicht einmal des göttlichen Rechts, sondern sie wollten auch ferner ihre Sache dem Rechtsherkommen gemäß entschieden wissen. Nur allein in dem Gerichte wollten sie eine Aenderung, indem sie statt der Commissäre ihren gemeinen Haufen zum Richter aufwarfen. „Sie wöllen, sagten ihre Boten dem Abte, sich ihrer Freiheiten behelfen und Gericht lut derselbigen halten, mit der Beger, das ich (der Abt) uff nächsten landtag min Freiheiten unter gemeinen Hufen bringe, wöllen sie die hören, und dagegen die ihren mit verhalten." Schreiber l. c. Jahr 1525 p. 33. Von diesem Standpunkte bis zu dem der zwölf Artikel ist doch gewiß ein weiter Weg.

p. 47, Anm. 24. Stern 102 (er gibt hier die ganze Literatur über den klettgauer Auffstand an).

p. 47, Anm. 25. Zürcher Rathsbeschluß, gedruckt bei Schreiber l. c. Jahr 1524, p. 115.

p 47, Anm. 26. Er ist gedruckt bei Schreiber l. c. 1524, p. 179—184.

p. 49, Anm. 27. Stern sucht zwar diese Bestimmung im 42. Artikel, aber mit Unrecht, denn die Klettgauer beanspruchen selbst am 31. Jan. die Wahl ihrer Prediger noch nicht (Schreiber 1525, p. 6), sondern anerkennen damals ausdrücklich das Recht der Patronatsherrn, die sie nur um einen Prediger bitten.

p. 49, Anm. 28. Schreiber p. 3—5, nro. 144.

p. 49, Anm. 29. Stern 71 nach Faber.

p. 50, Anm. 30. Es ist nun auch klar, warum die Klettgauer in ihrem 43. Artikel nicht wie in den übrigen einfach Abschaffung des kleinen Zehnten verlangen, sondern nur Belehrung darüber fordern. Es liegt sehr nahe, daß sie erst durch die Klage des Abts von S. Blasien auf den Kleinzehnten aufmerksam wurden und Zweifel bekamen, ob er mit Recht von ihnen gefordert werden könne.

p. 50, Anm. 31. S. den Abschied, gedruckt bei Schreiber p. 28, nro. 164.
p. 50, Anm. 32. Schreiber p. 31—32, nro. 167.
p. 51, Anm. 33. Nach Faber bei Stern 92.
p. 51, Anm. 34. Weil Faber von diesen Artikeln sagt, sie seien im Drucke ausgegangen, und Huber sie allgemein Bauernartikel nennt, so halte ich sie mit Stern für die zwölf. Stälin vermuthete (IV, 273, Anm.) darunter specielle Artikel für die Hauensteiner, muß aber selbst gestehen, daß man keine gedruckten Artikel von diesen kennt. Der Ausdruck: „höre" bedeutet gewiß nicht, wie Stern will „Gehör", denn in der schwäbischen Mundart heißt Gehör durchweg „t'hör", Stern hat also erst den Beweis für seine Erklärung beizubringen. Ebenso wenig kann „höre" die Landschaft „Höri" bedeuten, weil dieses Wort gen. fem. ist und fast immer mit dem Artikel erscheint. „Höre" ist einfach „Heer", das sich sehr oft mit „ö" geschrieben findet (entsprechend der schwäbischen Aussprache). Dabei braucht man an kein organisirtes Heer in unserm Sinne zu denken, sondern nur an einen Haufen, der militärisch geordnet ist, wie es ja alle Bauernhaufen vom April an waren.
p. 52, Anm. 35. S. Stern 117—120.
p. 52, Anm. 36. Die Urkunde ist gedruckt bei Oechsle 456.
p. 60, Anm. 37. Pullingers Reformationsgeschichte I, 241 ff.
p 61, Anm. 38. Kobling 131—125, die Eingabe ist gedruckt bei Cornelius 180—183.
p. 64, Anm. 39. Jörg 282 nach B. Schw. IV, 320.
p. 64, Anm. 40. Kobling 130.
p 66, Anm. 41. Holzwart 17 a. Daß er unter dem „cuidam praedicatori" Schappeler versteht, beweist er selbst. Er sagt nämlich (p. 68 a): „supra dixi, in ea urbe (Memmingen) seditiosum quendam concionatorem helvetium cognomine Schapeler fuisse, qui, cum singulari quadam facundia esset praeditus et ad uulgi plausum omnes sermones dirigeret, breui magnam existimationem est consequutus, qua re ille magnopere sese efferebat, neque, ut antea solebat, solus, sed magna seditiosorum caterua stipatus ad concionandum procedebat. Itaque rustici cum uiderent praedicatorem et plerosque oppidanos suae causae fauere, magnam spem sibi coniungendi urbem concipiunt." Da er aber vorher Schappeler nirgends nannte, so kann dieses „supra dixi" sich nur auf „cuidam praedicatori" beziehen.
p. 67, Anm. 42. Dieser Brief steht in: Zwinglii opera, tom. VII, epist. 1, p. 392—393, ed. Schuler.
p. 67, Anm. 43. Eglofsteiner hatte am 21. d. M. (Erchtag nach Oculi) bereits eine Abschrift aus dem oberdorfer Haufen (Jörg 182) nach B. Schw. IV, 322, welche durch ihre Mangelhaftigkeit zeigt, daß sie von einer andern Abschrift genommen wurde. Diese kann aber bei der Entfernung Oberdorfs von Landsberg kaum nach dem 20. März dorthin und kaum nach dem 19. d. M. nach Oberdorf gekommen sein. Dieses älteste Exemplar hat noch keine Einleitung und Marginalien. Da nun schon am 22. März zu Ulm, am 24. zu München und Augsburg Drucke mit ebenerwähnten Zusätzen verkauft wurden, so müssen die zwölf Artikel spätestens am 20. d. M. gedruckt worden sein, nachdem sie schon, wie das eglofsteinische Exemplar zeigt, spätestens am 18. März vorhanden waren. Schappeler muß demnach seine Arbeit spätestens am 19. März vollendet haben, während das Bauernparlament die zwölf etwa am 17. oder 18 d. M. annahm, was mit der oben angegebenen Dauer der zweiten Versammlung in Einklang steht.
p. 67, Anm. 44. Holzwart nennt die zwölf (p. 136) „articulos ad Suevicum foedus missos."
p. 68, Anm 45. Weißenfelders Bericht vom 19. März, früh 6 Uhr. B. Schw. IV, 295, daraus bei Cornelius 163, Jörg 264.
p. 68, Anm. 46. Die Bundesordnung und Richterliste wurden zusammengedruckt. Ein Abdruck derselben ist bei Cornelius p. 183—186.
p. 68, Anm. 47. Jörg 182 nach B. Schw. IV. 312.
p. 69, Anm. 48. Der Artikelbrief ist gedruckt bei Schreiber 1525, p.

87, und Walchner, Truchseß Georg 278, vgl. Zimmermann I, 418 und II, 305. Bensen bringt p. 242 den etwas verschiedenen Artikelbrief der Franken. Stern 85.

    p. 69, Anm. 49. Sie steht in Pflummerns Annalen III, 515—19. Dieses Exemplar weicht nur unbedeutend von den vorgenannten ab.

    p. 70, Anm. 50. Ein solcher Bote ist Contz Wirt ab der Halden (sein Bekenntniß steht im B. Schw. VIII, 287), ferner Martin Kolhauns (Bek. im B. Schw. VIII, 292).

    p. 70, Anm. 51. Zum Schlusse dieses Abschnittes füge ich zu dem stern'schen Verzeichnisse der zwölf Artikel noch zwei weitere Exemplare hinzu. Das eine ist in Deuber's Gesch. des Bauernkriegs, Freiburg 1833, abgedruckt mit Einleitung und Marginalien. Deuber besaß dasselbe. Ein zweites Exemplar haben wir in der Uebersetzung Holzwarths. Es hatte keine Einleitung, wohl aber die Marginalien.

    IV. p. 71, Anm. 1. Nach Weißenfelders Bericht an Herzog Wilhelm, dt. Montags nach Oculi. B. Schw. IV. 315.

    p. 71, Anm. 2. Nach demselben Berichte, vgl. Jörg 421—423.

    p. 71, Anm. 3. Bericht Weißenfelders vom 22. März, gedruckt bei Cornelius 163—166.

    p. 71, Anm. 4. Ueber den Tag s. Cornelius 164, Rohling 138.

    p. 72, Anm. 5. Urgicht des Schmid von Station in Pflummerns Annalen III, 530. Nach dieser verhießen die Biberacher Veit Troglin und Alexander Steffan am 26. März den Baltringern, die biberacher Gemeinde werde die Ehrbarkeit über die Mauern werfen, ehe drei Tage vergangen. Ueber die Stimmung in Memmingen vgl. Rohling 136—138, über die Stimmung in den Städten überhaupt Jörg 120—122, 134—139.

    p 72, Anm. 6. Diese Liste in B. Schw. IV, 321, gedruckt bei Cornelius 164.

    p. 73, Anm. 7. Keßler Sabbata 328.

    p. 73, Anm. 8. Die Liste bestand nunmehr aus den Bürgermeistern von Constanz, Lindau, Kaufbeuren, Ravensburg, Kempten, Leutkirch, Isny, Memmingen, Riedlingen, Saulgau, Munderkingen, Reutti, Bürgern von Isny, Kempten, Constanz, Biberach, Babenhausen, den Ammännern von Rankweil und des bregenzer Waldes. Letzteres ist ein Beweis, daß die Bewegung auch die vorarlbergischen Herrschaften ergriffen hatte. Darüber konnte ich jedoch keine Nachrichten bekommen. Der bregenzer Wald scheint aber am 16. Apr. der Vereinigung angehört zu haben, weil bei Abschluß des weingartner Vertrags unter den Gesandten des staufner Haufens auch ein Hans Schaitbach aus Langenau genannt wird. Walchner l. c. 266.

    p. 74, Anm. 9. Cornelius 166.

    p. 74, Anm. 10. Das Schreiben Ferdinands ist abschriftlich zweimal im B. Schw. IV, 224 und 239, daraus Cornelius 167. Am 10. März hatte der Erzherzog auch dem schwäbischen Bunde auf Grund der allgäuer Supplication seine Vermittlung angeboten. B. Schw. IV, 222.

    p. 74, Anm. 11. Weißenfelders Bericht vom 22. März, B. Schw. IV, 319.

    p. 74, Anm. 12. Ebenderselbe, Cornelius l. c. 165.

    p. 74, Anm. 13. Cornelius 167, Zimmermann I, 311.

    p. 75, Anm. 14. Diese zweite Auflage ist gedruckt bei Strobel, Beiträge zur Litt. besonders des 16. Jhdts. II, 25; Materialien zur Gesch. des Bauernkriegs, Chemnitz 1794, I, 54; Bensen 540. Hier muß ich auf eine Angabe Keßlers näher eingehen. Er führt (p. 327) ein nach seiner Angabe gedrucktes Exemplar der Bundesordnung in wörtlicher Abschrift an, welches den Titel trägt: „Handlung und artikel, so furgenommen sind uff den x tag mertzen von allen rotten und huffen, so sich zusamen verpflicht habend." Also ein Druck, der mit der ersten Auflage der Bundesordnung identisch ist. Das Datum ist aber gewiß unrichtig. Am 10. März hat die Bundesordnung, weil sie nach ihrer eigenen Angabe am 7. März entstand, schon 3 Tage vollendet gewesen. Ueberhaupt ist es unwahrscheinlich, daß eine Ausgabe derselben einen Monats-Tag als Datum gebrauchte, denn dieses widerspricht der allgemein herrschenden Sitte jener Zeit, welche noch die Wochenrechnung anwandte, und insbesondere dem Gebrauche der Bauern, die fast ausnahmslos nur nach Wochentagen ihre Urkunden datirten. Am 10. März vollends kann eine Ausgabe der Bundesordnung nicht stattgefunden haben, weil an diesem Tage keine Bauernversammlung war. Dennoch möchte aber jene Angabe Keßlers zu erklären sein. Es ist eine Eigenheit desselben, nie nach Heiligentagen die Zeit zu bestimmen, sondern stets die Monatstage anzugeben. Die Bundesordnung datirte sich nach der Wochenrechnung, und Keßler wandelte in der Absicht, dieses altgläubige Datum zu vermeiden, dasselbe in den entsprechenden Monatstag um, wobei er sich nur um 3 Tage verrechnete und so statt des 7. den 10. März niederschrieb.

p. 75, Anm. 15. Cornelius 168 nach dem memminger Rathsprotocolle.

p. 75, Anm. 16. Der Vorschlag steht im B. Schw. V, 14 und ist gedruckt bei Waldner, l. c. 236—237.

p. 76, Anm. 17. Schreiben des Abts Gerwig vom 22. März. Copie im weing. Missivbuche.

p. 76, Anm. 18. Schreiben des Abts Philipp von Isny an den Truchsessen Wilhelm 15. März und Antwort des letzteren vom 31. März. Copien im isnyer Archive.

p. 76, Anm. 19. Schreiben des Landcapitels Füssen vom 22. März an Bischof Christoph, gedruckt in Steichele's Beiträgen zur Gesch. des Bisthums Augsburg I, 57.

p. 76, Anm. 20. Beispiel: Die trauchburger Bauern warfen Mitte März 6 Knechte bei Isny nieder, welche der Füssener Pfleger Pappenheim seiner Tochter in ihre Burg Ratzenried schickte. Isnyer Archiv.

p. 76, Anm. 21. Jörg 428, 434. Die werdensteiner Chronik gibt ein Beispiel, wie es den altgläubigen Priestern ergieng. Der Pfarrer Cesarius von Eckarts mußte nach vielen Drangsalen vor seinen Pfarrkindern nach Kempten fliehen. p. 90. Wie es solchen Geistlichen am Bodensee ergieng, lehrt ein freiburger Kundschafter bei Schreiber 1525. p. 45.

p. 76, Anm. 22. Jörg 430 nach B. Schw. IV, 273, 322.

p. 76, Anm. 23. Jörg 422 nach B. Schw. IV, 315.

p. 76, Anm. 24. Ich verweise auf Zimmermanns Darstellung dieser Ereignisse.

p. 77, Anm. 25. Furtenbach bei Dechsle 470.

p. 77, Anm. 26. Keßlers Sabbata 329—330, Zimmermann I, 342—43, Jörg 497, Heggbacher Chronik in Pflummerns Annalen III, 760—64, Amantus Schäfer ebenda III, 693—97. Schreiben des schwäbischen Bundes an die Baltringer 28. März und an Memmingen 30. März, beide in memminger Archive.

p. 77, Anm. 27. Keßlers Sabbata 331. Die heggbacher Chronik erzählt von Schmid (III, 761), er habe seine Leute von der Plünderung Heggbachs abhalten wollen, aber vergebens. „Er was inen zu from vnd schlecht, vnnd het nit gemaint, daß es also solt sin gangen."

p. 77, Anm. 28. Bericht Hintzenhausers an Herzog Wilhelm, dt. unser Frauentag in der basten. B. Schw. V, 12.

p. 77, Anm. 29. Schreiben des Bundes an Memmingen vom 30. März Furter 21—23, Feyerabend, Chronik von Ottenbeuren III, 49—51.

p. 77, Anm. 30. Leutkircher Rathsprotocoll in die annuntiationis Marie.

p. 77, Anm. 31. Rohling 140, Haggenmüller I, 526, Knopfs Bekenntnisse, Furter 10, Schreiben des kaufbeurer Raths an den schwäbischen Bund, sonntag Trinitatis (in Schmid's Sammlung, Nro. 13), die Schreiben des Abts Philipp von Isny, Jörg 728--730.

p. 78, Anm. 32. Cornelius 166, 170, Rohling 138 ff., Klüpfel, Urkunden zur Gesch. des schwäbischen Bundes II, 290.

p. 78, Anm. 33. Rohling 138, Anm. 1.

p. 78, Anm. 34. Schon Anfangs März hatte das Reichsregiment zum großen Aerger Ed's seine Dienste angeboten. S. Jörg 415.

p. 78, Anm. 35. Rohling 138. Anm. 1.

p. 78, Anm. 36. Charfreitagmanifest des schwäbischen Bundes gedruckt bei Waldner 236—246. In diesem steht genannter Vorschlag p. 238.

p. 78, Anm. 87. Waldner 238.

p. 78, Anm. 38. Waldner 74 ff., Lutz, Tagebuch 59, Schreiben des Truchsessen Georg in Pflummerns Annalen III, 747, Jörg 437.

p. 78, Anm. 39. Schreiben des Bundes an Memmingen. Hier heißt es nach der Aufzählung der Gewaltthaten des baltringer Haufens: „So haben wir doch geacht vnd noch barfür, es möchte den beden Hauffen im Allgew vnd Bodensee söllich Ir mutwillig Handlung sonnder mißfällig vnd der Erberkait nach mer genaigt sein, den bewilligten anstannd zuhallten. Dann Inen hierinn ainich Hilf vnd Beystannd zutbun, demnach wir vns bißher wiewol mit schwerer gedult, damit Ir vnfug dester mer erkant würd, tättlicher gegenhandlung enthalten. dieweil wir aber mergken, das Sy dardurch in Irem furnemen gesterkt werden wir auß der noit gedrungen vnnd dagegen zu gegenwör vnnd auffenntbalt auch zuschicken. So dann diser Zeit ettlich der gewapnschafft außschuß bey euch versamellt. Ist vnnser beger vnnd Bitt, Ir wöllen Inen söllichs mit gutten fugen anzaigen, damit Sy ob die Sach annderst an Sy gelangte, denselben nicht glauben geben oder bewegen lassenn. Vnnd euch hierinn als vnnser getrew Bundtsverwannkten hallten, das wöllen wir vnns zu euch versehen, vnd vmb euch beschaiten vnnd verdienen." dt. Donnerstags nach Letare 25. Memminger Archiv.

Ueber die bündische Politik spricht Heinrich von Pflummern also in seiner Handschrift: „Etwas ain wenig von der allergrusamlichosten, vnerbertosten, vnewangelischosten, gotzlososten, ketzerichosten vnd verfierischosten luterey, die sich verloffen hat, vngefarlich vom 1523 jar bis ietz in das 1544 iar" und zwar im Capitel: „Etwas vom puren crieg;" „Es was ain tag der puren zu memmingen xi tag, da were den puren fast ain gute teding gangen, Sy wollten si aber nit annemen, Sy wollttent zu fil uff, das letzst ward in zu litzel, die puren fiengent an, den etelluten die schlesser blintern, och zu verbrennen, besglichen die clester blinkeren, was si fantent, vnnd zerschlachen vnnd zerrissen, mustent edellmünch, och dorfpfaffen in die stet fliechen, och mustent etlich dorfpfaff mit in sin vnd och mit anlegung gelts's inen tun, vnd welcher pur er vnd aid, och sin bstandbrieff vnd sigel hette halten, den zwingen si, das er mit in muest sin oder si frasent im vs, was er het, oder schluegent im ain pfal virs hus, liefent nieement rus. Vff das vnnd anders tet der schwebisch bunt darzu z'ulm, da kament die puntzheren bar vs von vlm vff ain platz zu iren hoptluten, Hultent die puntzheren si vff mit verzug ban die puntzheren warent den puren zu geschib, Hetent mer vernunft, dann die puren, bis der punt 2500 pferd, 7000 zu fus zu wegen bracht in ainer grose stile, baher, hessen vnd franken, da ward der Joerg truffes Hoptmann des puntz, fieng an dreinschlachen, ertwuergt vil puren." Der Schreiber des Truchsessen (pflum. Ann. III, 447) stimmt ganz damit überein. Holzwart dagegen sagt: „Articuli igitur et grauamina, quae supra scripsi, rusticis confoederatis, dijudicanda dedisse, postquam sunt perlecta, aequas conditiones rusticis pepererunt, et nisi ipsis furiis agitati fuissent, certe nihil caussae habuissent, excitandi tam truculentam seditionem." (p. 24b.)

p. 79, Anm. 40. Knopfs 1. Bekenntniß: „Wer bekannt, daß sin vnd anber sin mitraet vnd verwanten mainung entlich gewest sy, die gemain Stend des buntz im land zu Schwaben sampt allen clöstern vnd gemainen adel allenthalben in irer buntnus zu vertriben, zu verderben, zu verjagen, und ir gutter einzunemen, und irs gefallen zu leben, und so sy ir sach eroberten vnd dem bunt oblegen und uberhand gewunnen, sy al todt schlagen."

Im 2. Bekenntnisse fügt Knopf bei, daß dieses zu Memmingen beschlossen worden, im 3. Bekenntnisse gestebt er, daß sie darum den Unterländern aus dem baltringer und winzerer Haufen Beistand gethan, weil ihr Bundesbrief endlich vermögen babe, sie sollten einander nicht verlassen, deßhalb hätten sie fstl. Dchlt. von Oesterreich gemachten Stillstand nicht gehalten.

Im vollen Einklange mit Knopf's Urgichten stehen die Bekenntnisse des Conz Wirt (B. Schw. VIII, 287), des Marx Gropp von Oberried (dto. VIII, 294), des Hanns Pfister (VIII, 294), des Hensli von Krumbach (VIII, 296), des Ennderle Hoff (VIII, 296), des Hanns Reich (VIII, 290).

www.ingramcontent.com/pod-product-compliance
Lightning Source LLC
Chambersburg PA
CBHW020153170426
43199CB00010B/1024